사회연대경제
: 21세기를 위한 현실적 유토피아?

L'ÉCONOMIE SOCIALE

◆ 21세기를 위한 현실적 유토피아? ◆

사회연대경제

로베르 부아예(Robert Boyer) 지음 | 박충렬·안정현 옮김 | 송원근·김형미 감수

ET SOLIDAIRE

추천사

김현대 재단법인 한국사회가치연대기금 이사장

우리는 오랜 이분법적 대립 구도에 익숙해 있습니다. 시장이 실패하면 국가 개입을 이야기하고 국가가 무능하면 시장이 나설 것을 요구합니다. '이것 아니면 저것'이라는 이분법적 렌즈로 사물을 바라보는 초점을 맞추려 했고 지금도 그런 세상에서 살고 있습니다.

저자인 Robert Boyer는 사회연대경제가 "시장도 아니고 국가도 아닌, 둘 사이의 어떤 것"이라고 말합니다. 자신의 고유한 논리가 아니라 시장 또는 국가라는 외부의 시선으로 평가받는다는 부당함을 지적하면서, 사회연대경제가 온당하게 이해·평가받기 위해서는 그 걸림돌을 먼저 걷어내야 한다고 강조합니다.

이 책은 사회연대경제의 현재와 미래에 대한 생생한 질문과 성찰을 담고 있습니다. 지금 우리에게 꼭 필요한 질문을 던지고 명료한 문장으로 그 답을 찾아 나갑니다. 사회연대경제는 왜 주류경제가 되지 못하는가? 사회연대경제가 '21세기를 위한 현실적 유토피아'인가?

시장인가, 국가인가?
케인즈인가, 슘페터인가?

Boyer는 사회연대경제의 강점과 속성을 이야기하면서 그것이 오히려 한계가 되는 지점, 시장과 국가의 논리에 포획되어 있는 지점들을 잘 포착하고 있습니다.

- 사회연대경제의 강점은 호혜의 원칙에 기반한 연대를 바탕으로 하고, 경제활동에 민주적 원칙을 도입한다는 점이다. 그러나 이런 강점이 동시에 한계로 작용한다. 그 활동 범위가 명확히 한정된 지역공동체 수준에 머무른다.

- 사회연대경제는 시장이나 국가가 한계를 드러낼 때 이를 '보완'하는 역할 또는 '반작용'으로 등장한다. 시장의 이익과 국가의 이념이 타협하는 '악수'의 이미지이다 … 이런 절충적 태도가 시장근본주의자 뿐 아니라 자본주의의 모순을 인정하는 이들, 양쪽으로부터 쉽게 비판받는 약점이 된다.

- 사회연대경제는 보편적 목표를 지닌 일반원칙의 전개가 아니라, 수많은 혁신과 실천에서 비롯된 결과이다. 이 점 때문에 시장 메커니즘이나 국가 개입의 비효율성에서 발생한 문제에 대한 실용적 대응책에 불과하다고 치부된다.

Boyer는 사회연대경제가 자본주의에 필적할 만한 성공적인 기업 사례를 만들어 내지 못했다는 점도 아프게 지적하고 있습니다. 시장 경쟁에 뛰어들면서 공동체적 이상이 약화되고, 결국 농업 분야를 제외하고는 자본주의의 망망대해에 빠져들었으며, 대중을 자기 편으로 끌어들이는데 실패했다는 것입니다.

여러 한계가 있지만, Boyer는 오랜 역사를 갖고 있는 사회연대경제의 미래를 긍정하고 있습니다. 지금처럼 심각한 불평등과 국가이기주의가 사회적 평화를 위협하는 시대에 오히려 문제 해결의 열쇠가 될 수 있다고 희망을 이야기합니다. "수평적 상호작용을 통해 독창적인 해결책을 상상할 수 있는 사회연대경제의 큰 강점"을 살려 "문제가 있는 사회경제체제에서 버팀목 역할을 할 수 있다"는 것입니다.

그리고, 정치적 투쟁을 하지 않는 한 (사회연대경제를 끌어가는) 시민사회는 21세기 사회경제체제에서 자신의 자리를 찾을 수 없을 것이며, 지구행성의 보존을 위해 투쟁하고 연대해야 한다고 말합니다.

사회연대경제 이야기를 나누다 보면 공격적인 질문을 종종 받게 됩니다. "사회+연대+경제라니, 그게 뭐지? 쉽게 설명해 봐." 사회연대경제란 말부터 여전히 생소하고 대중들에게 멀고 어렵게 느껴집니다. Boyer의 책은 사회연대경제의 강점과 한계를 간명한 논리로 잘 정리하고 있어서 사회연대경제를 공부하거나 그 분야에서 일하는 사람들이 가까이 두고 기초 교양서나 핸드북으로 삼았으면 좋겠습니다. 번역이 깔끔해 읽기 편하고 생각이 잘 이어진다는 점도 좋습니다.

추천사

송경용 재단법인 한국노동재단 이사장

오늘날 우리는 불평등 심화, 기후 위기, 노동 불안정성 등 복합적 위기에 직면해 있습니다. 시장의 자율 조정 기능을 맹신하는 자본주의적 경제 질서가 계속되는 한 이러한 문제는 더욱 심화하여 갈 것입니다. 새롭게 등장한 플랫폼 경제 역시 사회연대경제가 지향하는 '인간에 의한 인간의 발전'이라는 가치, 방법, 목표와는 거리가 한참 멉니다.

전 세계적으로 새로운 대안적 경제 모델에 대한 요구가 더욱 커지고 있습니다.

프랑스의 저명한 경제학자 Robert Boyer의 저작 《L'économie sociale et solidaire : Une utopie réaliste pour le XXIe siècle ? (The social and solidarity economy : A realistic utopia for the 21st century ?)》은 이러한 시대적 요구에 응답하면서 좀 더 깊고 넓게 성찰하도록 이끌어주는 책입니다. 저자는 인간 중심적인 연대의 공동체를 형성할 기반이자 가능성으로서 사회연대경제를 제시하고 있습니다. 이 책은 단순한 이론적 논의에 머물지 않고, 협동조합, 사회적 기업, 공

'인간에 의한 인간의 발전'
사회연대경제와 시민/노동운동의 협업과 연대를 통해 이룰 수 있습니다.

정무역, 지역경제 활성화 모델, 공유경제 등 실질적인 사례를 통해 사회연대경제의 가능성과 한계, 그리고 당면한 문제를 실증적으로 보여줍니다.

특히 이 책은 사회연대경제가 단순한 경제 모델이 아니라, 시민/노동운동과 결합하여 더욱 강력한 변화의 동력이 될 수 있음을 시사합니다. 역사적으로 볼 때, 시민운동은 정치적, 경제적 민주주의를 확장하는 중요한 역할을 해왔습니다. 노동운동, 환경운동, 여성운동 등 다양한 사회운동이 사회연대경제와 결합할 때, 더욱 강력한 사회 변혁의 가능성이 열립니다. 산업화를 가장 먼저 시작한 영국에서뿐만 아니라 유럽 여러 나라에서 협동조합 운동은 노동운동과 함께, 서로에게 영감을 주고, 서로를 이끌면서 노동자 복지와 권리뿐만 아니라 정치, 경제, 사회, 문화, 교육 등 사회 전반을 바꾸어냈습니다. 우리나라에서도 노동운동과 사회연대경제는 시작이 같았습니다. 우리나라 최초의 전국적 노동단체는 1920년 설립된 <조선노동공제회>였습니다. 조선노동공제회는 공장, 작업장 안팎에서 노동자 권리 향상 투쟁을 전개함과 동시에 상호부조, 노동야학, 대중 강연회, 소비조합 상점 개설 등 사회연대경제 조직으로서도 활발한 활동을 전개했습니다. 캐나다 퀘벡에서는 1995년 여성운동이 이끌었던 '빵과 장미 대행진' 이후 사회연대경제가 국가적 차원의 중심 의제가 되었고, 빈곤과 실업, 사회적 배제 등으로 위기에 처했던 퀘백을 가장 살기 좋은 나라로 바꾸어낸 핵심 동력이 되었습니다. 이것이 가능했던 이유는 사회연대경제와 시민운동, 노동운동이 결합하여 정부와 대등한 위치에서 협치할 수 있는 힘을 가질 수 있었기 때문이었습니다.

우리나라 사회연대경제가 한 단계 성장, 성숙하기 위해서는 사회 변화의 기반인 시민운동, 노동운동과 능동적이고 적극적이며 창조적인 연대가 필요합니다. 시민과 노동자는 사회 변화의 주축이면서, 생산자이자 소비자입니다. 시민과 노동자의 삶을 실질적으로 변화시킬 수 있는 사회연대경제에 시민운동과 노동운동이 참여하고 함께 할 수 있도록 실천적인 모델을 만들어가야 합니다. 가치와 목표를 공유할 수 있는 이론화 작업을 위한 토론과 논쟁도 역시 중요한 과제인데 이 책의 저자가 분석하고 제안하는 내용이 큰 도움이 될 것이라 믿습니다.

자본주의의 가능성과 한계를 좀 더 명확하게 알고 있는 우리는 자본주의와 산업혁명 초기에 새로운 세상을 꿈꾸었던 협동조합 운동의 선구자들을 이어 '현실적 유토피아'를 꿈꾸고 시도해야 할 때입니다. 이 책은 우리의 꿈과 실천이 어디에서 어떻게 시작해야 하는지, 어느 방향으로 가야 하는지에 대한 하나의 실마리를 제공해주고 있습니다. '인간에 의한 인간의 발전'이 가능한 경제 체제, 사회적 연대를 추구하는 모든 이들에게 일독을 권합니다.

서문

이 책은 세 가지 분석적 질문이 만나는 지점에서 출발한다.

첫 번째 질문은 제2차 세계대전 이후 등장한 성장 체제가 한계에 도달했을 때로 거슬러 올라가는데, 어떤 사회경제체제가 이를 대체할 수 있을 것인가? 하는 질문이다. 조절이론에서 영감을 받은 연구는 경제의 3차 산업화, 세계 무역과 자본 흐름을 통한 경제의 국제화, 그리고 세계적으로 확산하는 금융 혁신이 주도하는 역동성 등 각각의 요소에 의해 추동되는 성장의 가능성을 차례로 분석해왔다. 결국 21세기의 발전양식은 충분히 '인간생성적anthropogénétique'일 수 있다는 분석으로 나아갔다. 이는 인간의 노동이 더 이상 이윤 추구로 촉진되는 부의 축적에 헌신하지 않고, 본질적으로 교육, 보건 그리고 문화에 전념하게 되리라는 것을 의미한다. 이와 같은 변화는 다양한 형태의 사회연대경제Économie Sociale et Solidaire: ESS가 성장할 수 있는 영역을 제공한다.

두 번째 질문은 필자가 2019년 아미앵대학에서 열린 사회적경제학회Association d'Économie Sociale의 학술대회에 참가하였을 때 떠오른 것이다. 그것은 바로 사회연대경제의 현재와 미래에 대해 조절이론은 어떤 진단을 내리고 있는가? 하는 것이다. 이 맥락에서 처음 제기된 가설은 시간이 지나면서 더욱 구체화되었다.

세 번째 질문은 이 책의 탄생에 결정적인 계기를 제공한 COVID-19 팬데믹과 관련이 있다. 이른바 필수적이지 않은 경제 활동 대부분이 갑작스럽게 중단되면서 '포스트 코로나 시대'의 모습과 방향에 대한 성찰이 촉발되었다. 이는 무엇보다도 지난 30년 동안 추진되어온 국제화 과정의 한계를 해결해야 하는 과제와 맞닿아 있으며, 2022년 프랑스 대통령 선거는 이 새로운 시대의 전략적 과제를 다루었어야만 했다. 하지만 주요 정치 세력 중 누구도 사회연대경제를 미래의 가능한 대안으로 언급하지 않은 것은 놀라운 일이 아닐까?

이 책은 이와 같은 세 가지 질문과 이에 대한 성찰을 토대로 구성되었다. 역사적, 비교분석적, 그리고 이론적 접근을 다양하게 결합하였고, 경제 활동을 밀도 높은 사회적 관계와 본질적으로 정치적인 과제 안에 다시 배치한 점에서 차별성을 지닌다.

차
례

- ◆ 추천사 … 4
  - 시장인가, 국가인가? 케인즈인가, 슘페터인가?
  - '인간에 의한 인간의 발전' 사회연대경제와 시민/노동운동의 협업과 연대를 통해 이룰 수 있습니다.
- ◆ 서문 … 12
- ◆ 서론 … 15

1장 제도주의 연구는 시민사회의 독창성과 중요성을 보여준다 … 22

2장 사회연대경제는 사회의 과제에 대응하지만, 그 양상은 극단적으로 다양하다 … 35

3장 사회연대경제가 하나의 사회경제체제로 자리 잡는 데 겪는 어려움 … 43

4장 사회연대경제의 이론적 기반의 다양성과 절충주의: 강점인가 아니면 약점인가? … 57

5장 협력에서 사회경제체제로: 자주관리 모델 재고찰 … 65

6장 사회적 시장경제의 부침[浮沈]: 하나의 이상을 향한 두 과정 … 79

7장 금융, 보건 및 환경 위기에 대한 사회연대경제의 대응 … 88

8장 21세기 사회경제체제에서 연대의 자리 … 110

- ◆ 결론 … 122
- ◆ 부록 … 133

서론

2020년에 시작된 COVID-19 팬데믹은 현대사회의 미래에 대해 2008년 금융·경제 위기보다 훨씬 더 날카로운 질문을 제기했다. 오늘날 우리 사회는 다양한 문제로 고통받고 있다. 금융 불안정은 더욱 심각한 위기로 이어지고, 불평등은 사회 양극화를 초래하였으며, 이는 사회적 타협을 더욱 어렵게 하였다. 더구나 대의 민주주의에 대한 신뢰 상실이 일반화하고 있으며, 정부의 정당성 부족으로 팬데믹 대응과 기후변화 억제를 위한 정책적 노력은 차질을 빚었다. 이러한 상황에서 난관을 극복하기 위한 다양한 제안이나 이상향이 제시될 것으로 기대했지만, 그런 일은 일어나지 않았다. 절제된 발전양식을 목표로 하는 몇몇 논의가 일부 등장했지만, 이를 어떻게 실현할 것인가는 여전히 의문으로 남아 있다. 시장 유인을 통해 달성할 것인가, 아니면 규제를 통해 이룰 것인가?

이로 인해 정치경제학에서 오랫동안 이어져 온 논쟁이 다시 불거졌다. 시장경쟁이 한계에 다다를 때, 국가는 어떻게 개입해야 하는가? 반대로 민간의 혁신은 어떻게 정부 정책을 불안정하게 만드는가? 시장 논리에만 의존한 결과로 발생한 피해를 복구하기 위해 국가가 주도하는 집단적 행동이 복귀하는 단계와 시장의 힘이 해방되는 단계가 번갈아 가며 나타난다는 점을 부각함으로써, 경제사상과 경제이론의 역사를 설명할 수 있다.

이에 따라 시장 메커니즘에 대한 신뢰가 30년 동안 지속된 후에, 2020년대 초반 시민의 보호자이자 시스템 리스크의 보험자로서 국가가 복귀하고 있다고 볼 수 있을 것이다. 이는 새로운 개입주의 시대의 시작일까? 우리는 국가와 시장 사이의 또 다른 진자 운동을 지켜볼 수밖에 없는 것일까?

사회연대경제는 오랫동안 제3의 길을 제안해왔다. 그 길은 지역에서 직면하는 생산, 소비, 그리고 금융 접근 등과 관련된 어려움을 극복하기 위해 혁신을 시도하는 집단의 자발적 조직화에 기반을 두고 있다. 그런데 왜 사회연대경제는 사회와 정치 영역에서 널리 논의되는 대안으로 자리 잡지 못했을까? 포스트 코로나 시대의 사회경제체제에 관한 논의에서 사회연대경제는 왜 충분히 언급되지 않았을까?

이 책은 경제이론과 역사적 분석에 기반을 둔 비교분석적 접근을 통해 이러한 일련의 질문에 대한 답을 모색한다.

먼저 새로운 제도경제학의 약진으로 시장의 수평성과 국가의 수직성이라는 전통적인 대립을 넘어설 수 있게 되었음을 살펴볼 것이다. 제도경제학은 시민사회의 행위자가 경제의 조절양식에 참여하는 독창적인 조직 형태를 새롭게 만들어 낼 능력이 있다는 것을 보여준다.

한 사회의 지속가능성을 지원하는 조정 메커니즘은 단순히 경제에만 국한될 수 없으며, 공동체, 네트워크, 비영리단체association 등도 중요한 구성요소가 될 수 있다. 이 조정 메커니즘들이 사회연대경제를 구성하는 요소가 될 수 있을지는 행위 주체들이 사용할 수 있는 권력의 성격에 달려 있다.제1장

그러나 이 점이 사회연대경제 프로젝트의 아킬레스건으로 보일 수도 있다. 이 취약점은, 사회연대경제의 다양한 형태가 배제적이고 불평등한 시장 메커니즘의 특성, 또는 이와 정반대로 과도한 국가 개입의 비효율성으로 인해 발생한 지역 또는 부문의 문제에 대한 행위 주체의 실용적 대응책에 불과하다는 사실에 기인한 것일 수 있다. 사회연대경제에서는 언제나 실천이 이론화보다 앞선다. 그러다 보니 사회연대경제 분야의 오랜 발전 과정에서 축적된 수많은 목표, 조직, 법적 지위를 이론적으로 통합하기는 쉽지 않다. 새롭게 등장하는 문제에 대한 대응은 반대급부로 '사회연대경제 은하계'의 일관성을 해치는 결과를 초래하는 경우가 많다.제2장

사회연대경제가 사회경제체제의 위기에서 비롯되었다는 점은 번영이 회복된 이후에는 그 역할이 확장되기보다는 안정화되는 경향이 있다는 사실을 잘 설명해 준다. 게다가 일련의 혁신이 상호작용하고, 때로는 시너지를 일으켜 이전 체제를 대체할 수 있을 정도로 자리 잡기까지는 시간이 필요하다. 이는 체제 전환 과정의 특성을 규명하는 어

려운 문제와 맞닥뜨리는 것이다. 그런데 역사를 돌이켜보면 모든 제도화 과정에는 정치의 개입이 필수적이었다는 사실을 확인할 수 있다. 순수하게 경제적 과정만으로 탄생한 체제는 아주 드물기 때문이다.제3장

시장, 국가, 그리고 사회연대경제는 서로 다른 특성과 목표를 지닌다. 따라서 셋 중 어떤 것도 특정 체제 운영에서 조정 메커니즘으로서 배타적 역할을 할 수 없다는 점을 인정해야 한다. 평등한 주체들 사이의 호혜적 관계에 기반한 연대의 원칙에 사회연대경제의 강점이 있다. 그러나 이러한 특징 때문에 사회연대경제는 시장관계처럼 광범위한 영역으로 확산할 수도 없고, 현대 국가가 가진 법적 강제력을 활용할 수도 없다. 한편으로는 시장의 기회주의와 확장성, 다른 한편으로는 게임의 규칙을 정하는 국가의 독점적 권력 사이에 끼어 있는 사회연대경제는 지속가능한 사회경제체제의 핵심으로 자리 잡기에는 한계가 많다.

우리 시대의 많은 연구는 모든 체제가 경제적 과정, 정치적 지지, 그리고 정당성을 부여하는 논리가 교차하는 지점에 있다고 강조한다. 정당성을 부여하는 논리 중 가장 강력한 것은 아마도 과학 분야의 연구를 동원할 수 있는 논리일 것이다. 이 점에서 사회연대경제는 무엇보다도 실천 속에서 이론화를 모색하는 과정이다. 그런데 사회연대경제의 이론적 제안은 매우 다양하고, 많은 경우 서로 대립하는 패러다임에 기반하고 있으며, 시간에 따라 끊임없이 변화해왔다. 연구자들은

국가와 시장, 연대와 자유, 자본주의와 사회 사이의 절충점을 찾으려 노력해왔다. 하지만 이러한 절충적 태도는 시장 근본주의자뿐만 아니라, 자본주의의 모순적이고 불안정한 속성을 인정하며 국가의 결정적 역할을 강조하는 이들로부터도 쉽게 비판받을 수 있는 약점이다.제4장

이제 핵심 질문은 다음과 같다: 호혜와 연대를 초석으로 삼는 체제를 구상할 수 있을까?

상대적으로 드물기는 하지만 자주관리autogestion의 경험을 되돌아보는 것이 이 질문에 대한 첫 번째 접근으로 유익할 수 있다. 과거의 반복적인 실패는 사회연대경제가 경제적 성격의 구조적 약점을 갖고 있기 때문인가, 아니면 연대 세력이나 헤게모니 블록의 부재로 인해 정치권력의 지지를 받지 못했기 때문인가?제5장 생산협동조합, 지역연대화폐와 같은 사회연대경제의 다양한 혁신은 특정한 장소와 시대에 따라 독창적으로 구성되며, 출현과 안정화 과정을 반복해 왔다.제6장 사실 역사는 단순히 반복되지 않는다. 상황이 변하면 사회연대경제의 전망과 성공 가능성도 달라진다. 그런데 수많은 긴급한 문제들이 제기되고 있는 2020년대의 상황은 독특하며, 나아가 전례가 없을 정도이다. 사회연대경제는 대안이 될 수 있을까? 혹은 최소한 여러 선택지 중 하나가 될 수 있을까? 과학적 연구, 글로벌 가치사슬의 재구성, 국제금융 흐름의 재배치, 기후 변화 등의 과정이 국제화되는 시대에 어떻게 연대의 원칙이 작동되도록 할 수 있을까?

조절이론은 이러한 질문에 또 다른 접근방법을 제공한다. 이 이론은 사회적 투쟁이 다양한 시장을 규정하는 데 결정적인 역할을 하는 제도 형태로 귀결될 수 있음을 보여주었다. 예를 들어, 임노동관계는 노동시장을 규정하고, 화폐체제는 신용을 규정한다. 국가/경제 관계, 그리고 국제관계에의 통합과 더불어 이러한 제도 형태는 각각의 사회경제 체제를 규정한다.

많은 경제학자가 순수경제라는 추상적 개념을 바탕으로 사고함으로써 사회연대경제를 자신의 모델에 통합하는 데 어려움을 겪지만, 조절이론은 이를 독창적인 사회적 생산관계의 발명으로 간주한다. 자본주의적 체제도 아니고, 국가기관의 관리를 받는 체제도 아닌 독자적 형태로 분석하는 것이다.

그런데 전후의 고도성장 체제가 끝나면서 사회적 긴장은 사회보장으로 옮겨가게 되었고, 사회연대경제의 발전은 주로 공공 개입의 실패, 특히 사회적 유대를 유지하는 데 실패한 부분을 보완하는 데 초점을 맞추었다. 그 결과 사회연대경제는 점점 더 국가/경제 관계를 조정하는 한 방식으로 자리 잡고 있으며, 더 이상 임노동관계의 대안으로 간주되지 않는다. 이러한 이유로 현대사회에서 사회연대경제가 종속적인 성격을 띠게 된 것은 아닐까? 제7장

그렇지만 이러한 종속인 지위가 피할 수 없는 운명은 아니다. 사회, 금융, 보건, 기후 등의 위기가 더 높은 강도로 복합적으로 결합하면

서 두 가지 측면에서 연대의 부활 가능성이 열리고 있기 때문이다. 우선 사회연대경제는, 오늘날 모든 방면에서 한계를 드러내고 있는 시장근본주의가 조장하는 개인주의에 대한 해독제 역할을 한다. 사회연대경제는 또한 사회적 유대를 재건하기 위한 민주화와 혁신의 중심지이며, 민주적 통제나 견제 없이 진행된 국제화의 결함을 극복하기 위해 시민에게 목소리를 부여한다.제8장

이러한 관점은 현대 세계에서 사회연대경제의 성장을 촉진하는 요인들을 밝혀내는 것으로 이어진다. 그러나 시장과 국가 사이의 변증법적 관계의 오랜 역사로부터 비롯된 인식이 초래하는 장애를 과소평가해서는 안 된다. 정치적 투쟁을 하지 않는 한 시민사회는 21세기 사회경제체제에서 자신의 자리를 찾을 수 없을 것이며, 이 투쟁은 지구 행성의 보존을 위한 투쟁과 연대해야 한다.

제1장
제도주의 연구는 시민사회의 독창성과 중요성을 보여준다

1990년대 이후 경제학자들은 경제가 규범, 제도적 배치, 조직의 네트워크 속에 얽혀 있다는 사실을 재발견했다. 이는 현대사회에서 사회연대경제의 역할을 이해하는 데 중요한 자산이 된다.

시장과 국가의 대립을 넘어: 제도적 배치의 다양성

정치경제학의 역사는 시장과 국가의 관계를 둘러싼 논쟁으로 가득하다. 이 두 조정 메커니즘을 같은 수준에서 논의하는 것은 처음에는 다소 의외로 보일 수 있다. 한편으로 시장은 경제의 기반을 형성한다고 여겨진다. 시장이 가격 형성을 통해 개별 경제주체의 결정을 조정하는 역할을 한다는 의미에서다. 다른 한편으로 국가는 정당성을 바탕으로 폭력을 독점하며, 경제 영역뿐만 아니라 공동체 전체에 적용되는 결정을 집행한다.

시장은 이익을 추구하는 경제주체 간의 수평적 관계를 조직하며, 이론적으로 이들은 동등한 존재로 간주된다. 반면 국가는 전혀 다른 논리에 따라 움직이는데, 권력의 수직성에 의해 형성된 시민의 복종 의무에 기반한다. 이러한 분석 틀에서 보면, 시장과 국가 간 논쟁은 정치적 권력으로부터 완전히 독립적인 자기조정 자본주의와 국가가 정치적 목적에 따라 경제적 거래를 통제하는 명령 경제 간의 대비로 이어진다.

그러나 시장은 소비자 및 투자자와 상호작용하는 기업의 존재 없이는 성립할 수 없다. 이로부터 두 번째 이원론이 등장한다. 즉 완전경쟁 시장의 수평성과 기업가가 노동자에 대해 갖는 권력의 수직성이 대비된다. 기업은 이윤이라는 이익의 논리를 따르지만, 기업 조직의 비대칭성은 국가와 시민 사이의 비대칭성과 유사한 측면이 있다. 다만 기업의 권력은 정치적 영역이 아닌 경제적 영역에서 행사된다는 점이 다를 뿐이다.

두 가지 기준의 교차점에 네 번째 구성이 등장하는데, 공동체와 시민사회다. 이것이 바로 사회연대경제의 토양이다. 사회연대경제는 의무와 수평성을 결합하며 제도적 배치의 다양성 속에서 독자적인 위치를 차지한다. 실제로 개인의 참여와 참여자 간의 평등 원칙은 사회연대경제를 국가나 시장과 구별 짓는다. 이러한 개념화는 사회연대경제가 국가나 시장을 대체하는 것을 목표로 삼지 않으며, 경쟁, 위계, 그리고 권력관계보다는 협력과 평등을 중시하는 환경에서 더 번창할 가능성이 있음을 시사한다.〈그림 1〉

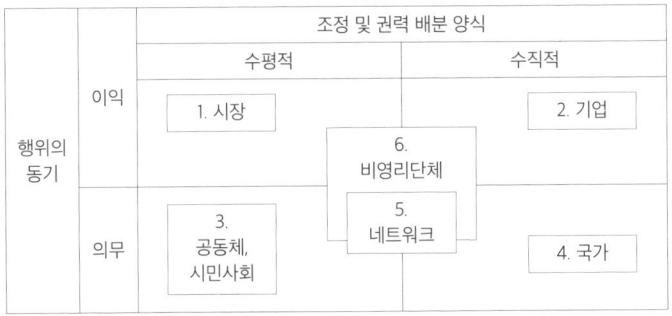

출처: Rogers Hollingsworth et Robert Boyer (dir.), *Contemporary Capitalism: The embeddedness of institutions*, Cambridge University Press, 1997.

<그림 1> 조정 원리의 분류체계

이 네 가지 구성 외에도, 우리는 다양한 혼합 형태를 식별하고 분류할 수 있다. 네트워크와 비영리단체는 사회연대경제의 두 가지 흥미로운 사례다. 수직적으로 통합된 전통적 기업과 달리 네트워크형 기업은 시장을 모방한 경쟁 메커니즘을 통해 부분적으로만 통제되는 일련의 사업체를 조정한다. 한편 비영리단체는 공익에 관한 관심을 공동체에 대한 소속감에서 비롯된 협력과 결합할 수 있다. 세 번째 혼합 사례로 참여형협동조합기업Scop: Société coopérative et participative[1]을 들 수 있는데,

---

[1] 역자 주: 프랑스 기업의 한 형태로 노동 관련 부처의 인가를 받아야 설립할 수 있는데, 해당 기업의 조합원 노동자가 출자자로서 자본금의 51% 이상, 의결권의 65% 이상을 소유해야 한다. 출자자인 노동자는 지위, 근속연수, 투자액 등과 상관없이 1인 1표의 의결권을 갖는다. 조합원 노동자는 기업의 소유권과 경영에 주도적으로 참여하며, 일반 주식회사와 달리 이윤의 상당 부분은 재투자되거나 조합원들에게 배분된다. 한국에서는 주로 '노동자협동조합'으로 소개되고 있다.

이는 기업가정신과 연대를 조화롭게 결합하는 것을 목표로 한다. 이로써 사회연대경제가 아우르는 분석 분야가 얼마나 넓은지 알 수 있다.

조정 메커니즘의 상호보완성

<그림 1>의 분류체계를 보면 하나의 조정 메커니즘만으로는 사회의 조절을 보장할 수 없다는 점을 쉽게 이해할 수 있다. 통제되지 않은 채, 모든 경제주체가 사적 이익 추구에만 몰두하는 시장체제는 약탈, 내부거래, 경제 불안정성을 초래하며, 궁극적으로 자신의 정당성을 위협하는 사회적 갈등을 낳는다. 이는 상업자본주의 및 산업자본주의 확산에 대한 반작용으로 협동조합과 공제조합이 탄생한 배경일 수 있다.제2장 참고 반대로 경제 전체를 명령으로 통제하려는 국가는 희소성을 해소하기는커녕 오히려 새로운 희소성을 만들어내는 결과를 낳는다. 이는 중앙에서 적절한 정보를 얻지 못하는 경우가 흔하기 때문이다. 우리는 1990년에 붕괴한 소련 사회경제체제의 초라했던 효율성을 기억하고 있다.

여기서 다음과 같은 가설, 즉 개별적으로는 불완전한 조정 메커니즘들이 상호보완함으로써 지속가능한 제도적 구성이 도출될 수 있다는 가설을 제기할 수 있다. 이를 통해 각 메커니즘의 약점을 상쇄할 수 있기 때문이다.[2] 갈등, 경제적 불균형, 금융 위기 등의 반복에도 불구하고

---

2 Rogers Hollingsworth et Robert Boyer(dir.), *Contemporary Capitalism: The embeddedness of institutions*, Cambridge University Press, 1997.

이러한 다원성이 자본주의의 회복력을 보장한다. 국가 역시 최후의 구원자로서 여기에 기여하고, 사회적 유대를 유지하는 사회연대경제도 참여한다. 이러한 접근은 기존의 표준적인 경제 분석과는 극적으로 다른 관점을 제시한다. 표준적인 경제 분석은 시장을 스스로 완전한 기본적인 제도적 배치로 간주하고, 시장이 기준이자 이상형으로 기능해야 한다고 전제한다. 이러한 접근은 왈라스의 일반균형이론으로 이어지며, 그 과정에서 주식시장이 핵심적 역할을 한다.[3] 그러나 이 같은 전제는 실제로는 없는 속성을 시장에 부여함으로써 실제 시장의 작동방식을 왜곡하는 결과를 초래했다.

반대로 경제사회학은 주식시장이 단순히 내부자 거래, 회계 조작, 기타 은폐 행위의 반복으로만 무너지는 것이 아님을 보여준다. 실제로 금융 부문 행위자의 탐욕과 기회주의는 감독기관의 감시를 받는다. 하지만 감독기관이 주의 의무를 소홀히 할 경우, 고비용의 금융 위기를 초래하는 투기적 과열을 방지하기 위한 새로운 법률을 적용해야 하는 상황에 놓이게 된다. 예컨대 뉴욕증권거래소New York Stock Exchange: NYSE는 금융화가 진전되면서 오늘날 상장 기업이 되기는 했지만, 아이러니하게도 처음에는 비영리단체로 출범했었다. 1934년에는 주식 거래를 감독하는 기관인 증권거래위원회Securitiy Exchange Commission: SEC

---

3 일반균형이론은 시장이 공급과 수요의 자유로운 상호작용을 통해 곧바로 균형에 도달할 수 있다고 가정한다.

가 설립되었다. 2001년 엔론 사태로 인해 회계 부정이 드러난 후, 주식 투자자들은 정부에 압력을 가해 2002년 상장기업의 회계 관리에 대한 통제를 강화하는 법률Sarbanes-Oxley법을 제정하도록 하였다. 그리고 2008년 서브프라임 모기지 위기 이후, 금융 부문의 행위자에게 적용되는 규범과 규칙을 대폭 강화하는 새로운 법률이 도입되었다.[4] 겉으로는 시장이 완전한 것처럼 보이지만, 실제로는 경제주체의 기회주의적 행위를 억제하기 위한 일련의 제도적 배치가 상호보완적으로 작동하고 있다. 국가와 시장 간의 이원론적 대립은 더 이상 유효하지 않다! 경쟁시장은 '자연적'으로 형성된 것이 아니라, 강력한 집단적 개입을 전제로 한다.

발전에 참여하는 시민사회

시민사회에서 비롯된 제도적 배치 또한 농촌사회 발전에 관한 분석을 통해 새롭게 평가되었다. 엘리너 오스트롬Elinor Ostrom이 처음 발전시킨 공유재이론은 지역의 경제주체들이 다양한 활동에 필수적인 자원의 관리 절차를 어떻게 수립할 수 있었는지를 보여주는 풍부한 사례 연구를 제공했다.[5] 이들 공동체는 이론이 아니라 실천을 통해 '공유

---

[4] 역자 주: 대표적으로 미국이 2010년에 제정한 Dodd-Frank법을 들 수 있는데, 금융 위기 재발 방지를 위한 금융기관 감독 및 규제 강화와 소비자 보호를 목적으로 제정하였다.

[5] Elinor Ostrom, *Governing the Commons: The evolution of institutions for collective action*, Cambridge University Press, 1990.

지의 비극'을 극복할 수 있었는데, 공유지의 비극은 특정 자원에 대한 제한 없는 접근이 과잉 사용을 초래하고 결국은 고갈로 이어지는 것을 말한다. 오스트롬의 공유재이론을 통해 개별적 소유권이나 시장에 의존하지 않고서도, 관리를 위한 공동의 규칙에 대한 합의가 이루어진다면 겉보기에 피할 수 없을 것 같은 문제를 해결할 수 있음을 알 수 있다. 이 연구들은 지역 차원에서 형성된 연대가 어떻게 시장의 경쟁이나 중앙정부의 지시와 무관하게 혁신과 합의의 토대가 될 수 있는지를 보여준다. 따라서 공유재이론은 경제이론을 관통하는 딜레마의 극복에 관한 것이다.

그러나 발전을 촉진하는 과정에서 이러한 합의가 배타적인 역할을 한다고 주장하기는 어렵다. 실제로 산업재와 같은 표준화된 재화의 생산에는 오히려 노동 분업과 수확 체증의 이점이 활용된다. 이로 인해 생산량은 투입된 노동량보다 더 빠르게 증가하며, 이는 산업화의 강력한 원동력이다. 그렇지만 시장경제관계는 법률적 틀, 인프라, 교육, 연구 등과 같은 공공재의 생산을 유도하는 데 실패한 것으로 밝혀졌는데, 이러한 공공재 없이는 민간의 주도적인 활동이 번창할 수 없다. 따라서 어떤 발전양식에서든 국가는 필수적인 세 번째 기둥이 된다.

이러한 맥락에서 국가, 시장, 시민사회가 각각 구성하는 조정양식은 단순히 병렬적으로 존재하는 것이 아니라 실제로 상호보완적이다. 민간경제의 역동성은 공공재를 위한 재원으로 활용될 수 있는 부를 창출하며, 공공재는 다시 민간의 활동에 유리한 환경을 제공한다. 한편 시민사회는 지역 상황에 가장 근접한 상호 지원과 재분배 기능을 수행한다. 중앙정부는 지역의 상황을 구체적으로 파악하기 어렵고, 순수한 시장관계는 이 기능을 수행할 수 없기 때문이다. 요약하자면, 시장, 국가, 시민사회 사이의 시너지 효과로 다양한 발전 전략이 등장하고 번창할 수 있다.〈그림 2〉

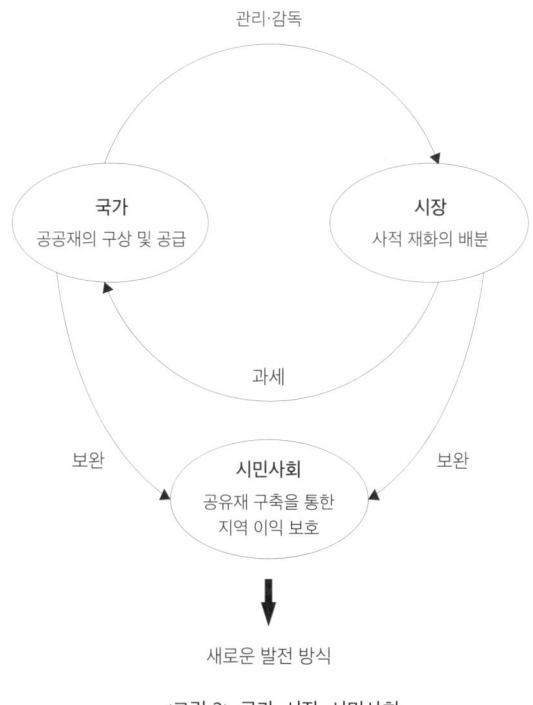

<그림 2> 국가, 시장, 시민사회

이는 오래된 산업화 경제에도 적용할 수 있는데, 앞으로 이에 관해 설명하고자 한다. 이 과정을 통해 사회연대경제가 적절한 위치를 차지할 수 있는 제도적 틀을 제안하는 것이 가능할 것이다.[6]

조직 논리와 원칙의 위계에 따라 다양하게 나타나는 사회연대경제

장기 경제사는 어떤 조정 메커니즘도 단독으로는 사회경제체제의 안정화를 보장할 수 없음을 보여준다.

모든 사람을 만인의 만인에 대한 경쟁으로 몰아넣은 체제가 초래하는 경제위기는 반복적으로 발생하며, 이윤 논리를 넘어선 공적 개입을 통해서만 극복할 수 있다. 이는 국가가 징수하고 재분배하는 소득의 비중이 계속 증가해 온 이유를 설명해 준다. 순수 시장경제가 가능하다는 가설은 실제 역사적 사례에 의해 어느 정도 부정되었다.

다른 한편 권력과 지배의 정치적 논리가 경제 조직화에 적용될 경우, 그에 따른 사회경제체제는 결핍을 극복하지 못하고 결국 심각한 위기에 봉착하게 된다. 그 대표적인 사례는 소련이다.

이로써 국가 논리만으로는 한 나라의 경제적 지속 가능성을 보장할 수 없다는 사실을 알 수 있다. 한편 1978년 이후 중국이 걸어온 발전경로의 독창성은 몇 가지 전략적 결정을 통한 정치적 조정과 공공 권력

---

6 Thomas Lamarche, Une théorie générale ou une approche institutionnaliste pour l'économie sociale et solidaire?, *Revue française de socio-économie*, n° 11, 2013.

의 통제 아래에 있는 시장 메커니즘을 결합한 데에 있다.

비슷한 맥락에서 사회연대경제도 마찬가지로 다른 조정 메커니즘에 의지하지 않고서는 전체 사회를 조직할 수 없다고 보는 것이 논리적이다. 이것이 바로 시너지 개념이 표현하는 바이다. 이제 중요한 과제는 주어진 특정 공간 내에서 국가, 시장, 연대라는 세 가지 논리 중 어느 것이 우세한지를 명확히 하는 것이다. 정치에서의 권력 추구, 경제에서의 부의 축적, 사회에서의 사회적 유대의 유지라는 세 가지 요소가 유기적으로 결합하여 모든 사회경제체제를 구성한다.[7] 이로써 제도 형태 간의 위계 개념을 조정 메커니즘 또는 제도적 배치의 위계 개념으로 대체할 수 있게 된다. 그 결과 연대의 원리가 지배적인지 아니면 반대로 다른 논리에 종속되는지에 따라 세 가지 상반된 구성이 가능하다.

사회연대경제의 가장 발전된 형태는 공동체를 대표하는 집단이 기본 단위가 되는 사회에서 나타난다.[8] 이들은 기본적인 필요의 충족을 우선시하는 자원 배분 원칙을 수립할 권한을 가진다. 물론 여기에서도 정치적 영역이 경쟁이나 국가 권력 추구보다 연대의 우선성을 인정해

---

[7] 이 분석틀은 Bruno Théret의 연구에서 많은 영감을 받았다.(Bruno Théret, *Régimes économiques de l'ordre politique : esquisse d'une théorie régulationniste des limites de l'État*, PUF, 1992.)

[8] 이 가능성은 Renaud Metereau의 연구를 통해 드러났다.(Renaud Metereau, Prolonger l'approche Syal. La dimension politique des 'Syal coopératives' au Nicaragua, *Mondes en développement,* n°178, 2017.)

야 한다. 이때 행정, 법률, 국가의 개념은 연대의 원칙이라는 지배적 논리를 실현하는 데 이바지한다. 〈그림 3〉

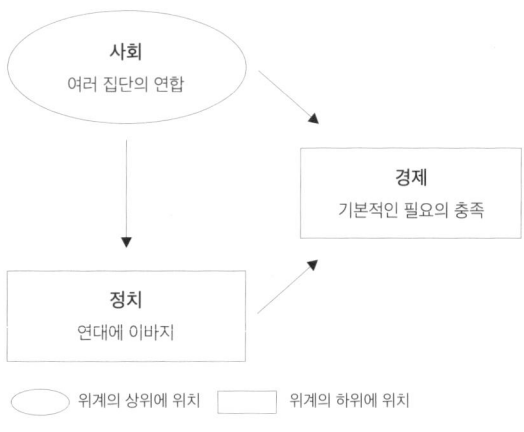

<그림 3> 인간의 발전양식으로서의 사회연대경제: 사회의 우위성

그러나 사회연대경제가 집단적 선택으로 사회 전체 차원에서 실현되는 경우는 드물다. 작동 중인 사회경제체제 내에서 일부 인구의 생존이 더 이상 보장되지 않는 극단적인 사건들에 의해 그렇게 될 수는 있다. 이는 주로 경제 및 금융 위기가 발생하여 사회의 존립 자체를 위협하는 경우이다. 이러한 상황에서 경제적 변화는 사회연대경제의 혁신을 촉발한다. 그러나 대부분의 경우 정치적 결정 과정이 마비되어 국가가 대중의 기대에 부응하지 못하는 무력한 모습을 보인다. 이때 연대는 생존의 원칙으로 자리 잡지만, 사회경제체제를 재정비하는 데

까지는 이르지 못한다. 이로 인해 세 영역 간의 위계는 근본적으로 변하게 된다.〈그림 4〉

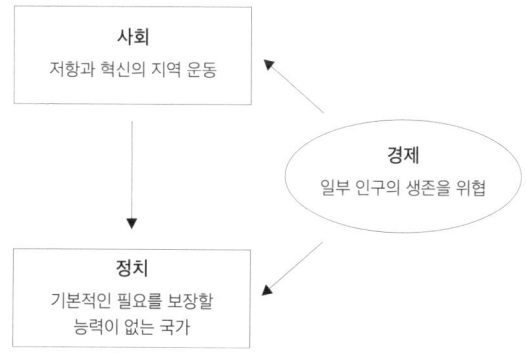

<그림 4> 경제위기에 대한 대응으로서의 사회연대경제: 경제의 우위성

권력 분배의 중심성

사실 이러한 위계는 권력 분배의 차이에서 비롯된 결과이다.[9] 자신의 개입 역량을 넘어서는 문제를 해결하기 위해 국가가 사회연대경제의 잠재력을 활용하는 세 번째 구성은 이를 잘 보여준다. 정치 지도자들이 강도 높은 산업구조조정으로 타격을 입은 지역에서 발생한 장기

---

9 사회연대경제에 관한 문헌에서도 정치의 중요성이 명확히 인정되고 있다.(Éric Dacheux et Daniel Goujon (dir.), *Réconcilier démocratie et économie. La dimension politique de l'entrepreneur en économie sociale et solidaire*, Michel Houdiard Éditeur, 2010.)

실업 문제 해결을 사회적 혁신에 맡기는 경우를 예로 들 수 있다. 이렇게 하여 공공도 아니고 민간도 아닌 제3섹터가 형성되며, 이 섹터는 다른 두 기제가 다룰 수 없는 문제를 해결하는 것을 목표로 한다.〈그림 5〉

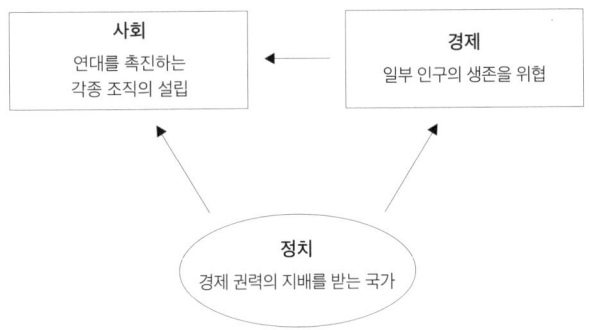

<그림 5> 국가의 책임을 위임받은 사회연대경제: 정치의 우위성

이 세 가지 구성이 공존한다는 사실은 사회연대경제의 강점과 한계를 동시에 보여준다. 모든 것은 사회연대경제가 국가 권력과 시장경쟁이라는 두 가지 논리와 어떻게 유기적으로 연결되어 있는가에 달려있다. 이 구성들은 사회를 다른 방식으로 조직하는 것을 제안하는 것에서부터 내재된 모순을 사회적 배제로 해결하려는 경향이 있는 기존 사회경제체제를 지지하는 것에 이르기까지 다양하게 나타난다.[10]

---

10 Bernard Perret et Guy Roustang, *L'Économie contre la société. Affronter la crise de l'intégration sociale et culturelle,* Seuil, 1993.

제2장
사회연대경제는 사회의 과제에 대응하지만, 그 양상은 극단적으로 다양하다

지금까지 사회연대경제를 비교하여 살펴보았으니, 이제 이를 더 명확히 정의하고, 사회연대경제가 어떠한 과정을 통해 형성되었으며 계속 발전해 왔는지 설명하는 것이 중요하다.

사회연대경제의 다양한 측면

사회연대경제에 대한 일반적인 정의는 여러 가지 기준을 적용하여 포괄적으로 사회연대경제를 소개한다.[11] "사회적경제는 공동체에 의해 수행되는 경제 활동, 주로 **협동조합과 공제조합**, 그리고 **비영리단체**에 의해 수행되는 경제 활동으로 구성된다. 사회적경제는 고유한 윤리적 가치를 지니며, 이는 공공이 아닌 민간의 지위, 자본에 대한 인간 우위 등과 같은 원칙으로 표현된다. 그리고 하나의 독립된 경제 부문으로 시장경제 내에서 활동하지만, 적립금의 분할금지 원칙, 나누어 가질 수 없는 공동자산, 공동체 봉사 목적 명시, 그리고 공익 및 사회적 유용

---

11 프랑스어 위키피디아의 사회연대경제 설명을 따른다.

성 추구, **지역 기반**, **정치적 독립** 등과 같은 고유한 원칙을 준수한다."

굵은 글씨로 표시된 용어들은 사회연대경제의 강점을 강조하지만, 동시에 이로 인해 사회연대경제의 실현 과정에서 많은 어려움이 초래되기도 한다. 먼저 모두 공통된 목표를 지향하지만, 법적으로는 그 형태를 달리하는 최소한 세 가지 유형의 사회연대경제가 존재한다. 당연하게도 이윤 추구의 원칙에 따라 운영되는 기업도 다양한 법적 지위를 가지고 있다. 이를 고려하면, 사회연대경제 활동이 **비영리적인** 활동임에도 이를 명시적으로 언급하지 않는 것은 다소 의아하게 느껴질 수 있다. 또한 사회연대경제 주체는 윤리적 원칙을 시장과 이에 수반되는 경쟁에 조화롭게 통합시켜야 한다는 것도 잘 알려져 있다. 이 과정에서 공동자산 관리에 대한 제약이 협동조합의 **생산능력 확장**에 장애가 되는 것은 아닌지 의문이 생길 수 있다. 어떤 활동의 사회적 유용성이 협동조합원의 논의를 통해 도출되고, 그 유용성이 각 협동조합의 경영 방향을 이끈다는 것은 어렵지 않게 상상할 수 있다. 그렇다 하더라도 **공익**은 사회연대경제를 훨씬 넘어서는 공동체 수준에서 정의될 수밖에 없으며, 이 과정에는 정치적 과정이 직접적으로 개입하게 된다. 사회연대경제는 시민사회에 속하는 것이므로 정치적 영역의 행위자가 아니라는 점은 매우 분명하다. 하지만 이윤 추구에 지배되는 기업은 규제, 세금, 노동권 등과 관련하여 다방면으로 압력을 행사할 수 있으며, 사회연대경제가 차지하는 공간을 축소하는 결정을 할 수 있다. 이러한 점에서 국가의 지지는 결정적인 역할을 한다. 사회연대경제가 경제에 평등의 원칙을 도입하려 한다는 점을 거의 언급하지 않는 것은 아쉬운 부분이다. 자본 출자자에 권력이 집중되는 다른 경제 영역과 대조적으로 '1인 1표' 원칙은 사회연대경제의 슬로건이 될 수 있을 것이다.

따라서 사회연대경제는 단일한 원칙을 따르는 것이 아니라, 다양한 목표 사이의 긴장관계 속에서 작동하며, 바로 이러한 긴장이 사회혁신의 원천이다. 사회연대경제는 여러 종류의 사회경제 체제의 실패, 그중에서도 중대한 위기에 대한 대응으로 탄생했다.

시장과 국가의 한계에 대한 대응

사회연대경제 주체는 어떻게 등장하는가? 역사를 간략히 살펴보면, 사회연대경제는 어떤 구성주의의 이론적 접근이 아니라, 오랜 기간에 걸쳐 진화해온 사회경제체제의 불균형, 갈등, 위기에 대한 방어적 대응으로부터 나타났음을 알 수 있다. 19세기에 자본주의가 비약적으로 발전하고, 그 결과로 사회 양극화 문제가 발생하자 소비협동조합과 생산협동조합이 등장했다. 이들은 사회적 배제의 움직임을 상쇄하는 공간으로 기능했다. 한 세기 후에는 실업을 줄이고 소외된 계층에 사회적 안전망을 제공하는 데 있어 공공정책의 한계가 드러났다. 이로 인해 고용과 사회적 통합을 목표로 하는 비영리단체가 등장할 공간이 만들어졌다.〈그림 6〉

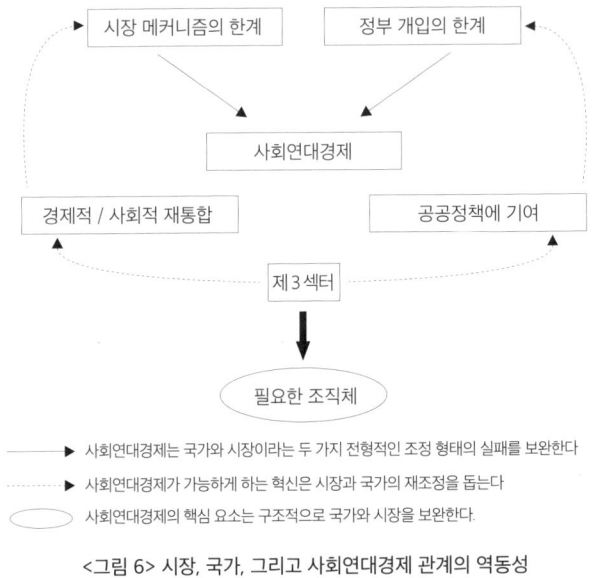

<그림 6> 시장, 국가, 그리고 사회연대경제 관계의 역동성

이론적으로는 사회연대경제가 시장 메커니즘과 중앙정부 개입의 한계로부터 자양분을 얻고 있다는 점이 강조된다. 시장 메커니즘은 사회적 평화를 보장할 능력이 없다는 한계를 드러낸다. 그리고 중앙정부 개입의 한계는 자신의 정당성을 무너뜨릴 위험이 있는 새로운 문제에 대응하는 절차의 부적합성과 비효율성으로 인해 드러난다.

'제3섹터'로 불리는 사회연대경제가 형성됨에 따라 시장은 본래 자신이 의존하던 여러 조건 중 하나인 사회적 결속 유지의 책임에서 벗어나게 된다. 또한 국가는 자신의 책임 일부를 사회연대경제에 위임함으로써 사회보장제도의 보편성 강화를 위한 핵심 과제를 개혁하는 일을 회피한다. 이러한 변화를 통해 사회경제체제가 재구성되며, 시장·국가·사회연대경제 사이의 상호보완성을 통해 자원의 배분, 국가 권력의 정당화, 그리고 사회적 유대라는 세 가지 필수 요건이 조화를 이루게 된다. 그러나 대부분의 경제체제에서 사회연대경제는 시장과 국가라는 두 주체에 비해 종속적인 지위에 있다는 점을 강조할 필요가 있다.

기능, 부문, 조직, 법적 형태 등의 다양성

사회연대경제의 개입 형태는 역사적으로 특정 시기에 발생한 지역적 문제 그리고/또는 특정 부문의 문제에 대응하는 과정에서 형성된다. 상황에 대한 의존성은 중요한 결과를 초래하며, 사회연대경제 구성의 전형적인 특성인 다양성을 낳는다. 사회연대경제는 최소한 네 가지 법적 체제가 공존하는데, 이는 특정 부문이나 전문 분야에 속하는 동일한 활동에서도 마찬가지다. 금융 및 보험의 경우를 예로 들면, 이 부문에서 활동하는 사회연대경제 주체는 부록의 <표 1>에서 보는 것처럼 협동조합과 공제조합으로 구성되어 있다. 고용 측면에서 보면, 협동조합은 상업, 산업, 농업 부문에서 그 비중이 크지 않다. 비영리단체는 교육, 보건, 사회복지와 같은 분야에서 매우 활발한데, 프랑스에서 이 부문은 전통적으로 국가가 주로 담당해 온 영역이다. 비영리단체에 비해 그 비중은 훨씬 작지만, 재단의 활동도 확인할 수 있다. 여기서 시장 보완적 역할과 공공서비스 참여라는 사회연대경제의 이중적 성격을 다시 한번 확인할 수 있다.

프랑스 경제 내에서 사회연대경제는 단순히 고립된 섬이 아니라 여러 섬으로 이루어진 군도에 해당하지만, 대륙은 아니다. 다른 나라의 상황은 다를까? 아니면 이는 사회연대경제가 어디에서 실행되든 나타나는 전형적인 특징일까?

각 사회에 고유한 형태들

각국의 경험을 비교해 보면, 사회연대경제와 관련된 보편적인 분류 체계를 도출하기는 어렵다는 사실을 알 수 있다. 사회연대경제의 명칭과 조직 형태는 오랜 역사적 배경을 토대로 형성되기 때문이다. 사회적경제[12]를 구성하는 세 가지 주요 유형을 다시 살펴보도록 하자.

한쪽 끝에는 오랜 사회적 구조화 과정을 거쳐 연대의 원칙에 기반한 사회경제적·정치적 조직체가 형성된 사례가 있다. 멕시코의 에히도 ejidos를 예로 들 수 있다. 에히도는 농민 집단에 할당된 공동 소유지를 뜻하며, 사적 소유에 반대되는 공유지로 과거의 아시엔다haciendas와

---

12 역자 주: 이 책의 원문에 사회연대경제를 지칭하는 용어로 l'economie sociale et solidaire (ESS) 외에도, l'économie sociale, l'économie sociale de marché가 사용된다. 원문과 저자의 의도를 존중하여 각각 사회연대경제, 사회적경제, 사회적 시장경제라는 용어로 번역하였다. 각각의 엄밀한 정의는 차이가 있을 수 있으나, 독자는 세 용어 모두 사회연대경제를 지칭하는 것으로 이해해도 무방할 듯하다.

라티푼디오latifundios를 대체하는 개념이다. 에히도는 토지의 공동 소유와 사용 수익권을 명시적으로 보장하며, 권리의 매매나 양도는 법적으로 금지된다. 에히도는 구성원이 자원을 공유하며 농촌 공동체의 번영을 도모하는 상징적인 제도였으나, 내부 모순과 1980년대부터 시작된 멕시코 경제의 자유화에 의해 결국 쇠퇴하고 말았다.

다른 한쪽 끝에는 격렬한 위기 속에서, 빈곤화나 궁핍, 심지어 기아에 대처하기 위해 부족한 자원을 공동으로 사용하는 자발적인 시도가 있다. 아르헨티나 사회의 역사는 이러한 사례들로 가득하다. 파산한 기업을 노동자들이 인수하여 생산협동조합으로 전환한 사례, 국가 통화에 대한 신뢰 상실로 위기에 빠진 경제를 활성화하기 위해 지역화폐를 발행한 사례, 화폐 소득의 소멸로 인해 축소된 시장에 대응하여 국지적 교환시스템을 형성한 사례 등을 예로 들 수 있다. 이처럼 사회연대경제는 다른 세상의 가능성을 열어 보이기는 하지만, 본질적으로 대응적인 성격을 띠고 있다.

세 번째 유형은 중앙정부가 공공 지출과 세금을 기반으로 하는 전통적인 개입의 한계를 인정하고, 더 효율적인 정책을 실행할 책임을 비영리단체에 위임하는 경우다. 민간 부문에 의해서도 충족되지 않는 공익적 활동을 비영리단체가 수행할 수 있도록 보조금을 제공하기도 한다. 예를 들어 사회적 배제의 진행을 막기 위한 도시 재개발 실험에 대한 공적 지원은 미국의 전형적인 사회연대경제 사례이다. 이때 사회연대경제는 공공서비스 활동을 위임받아 수행하는 역할을 담당한다.

유형의 다양성과 본질적으로 대응적인 성격은 사회연대경제의 이론화를 방해하는 요인으로 작용한다. 시장이나 국가에서는 이러한 약점을 발견할 수 없다. 과거 정치경제학에서부터 현재의 경제적 분석에 이르기까지, 많은 사상가가 시장 메커니즘을 지지하는 분석적 논거를 끊임없이 제시해 왔으며, 이는 인간의 이성과 아비투스Habitus 형성에도 영향을 미쳤다. 반면 공공의 개입을 지지하는 이들은 정치학과 법학의 발전을 활용하여 국가 역할의 확대를 정당화할 수 있었다. 이론화를 위한 노력은 이에 상응하는 실천의 국제적 확산에도 기여해 왔다. 다양한 국제 조직이 사회연대경제를 통합하려고 시도했음에도 불구하고, 사회연대경제는 아직 이러한 이점을 누리지 못하고 있다. 사회연대경제의 이러한 상대적 주변화는 어떻게 설명할 수 있을까? 이것은 극복할 수 없는 한계인가? 아니면 반대로, 반복되고 점점 심각해지는 다양한 위기가 결국 사회연대경제의 비약적 발전을 가능하게 할 것인가?

제3장
사회연대경제가 하나의 사회경제체제로 자리 잡는 데 겪는 어려움

야심 찬 목표를 추구하는 복잡한 프로젝트인 사회연대경제는 필연적으로 다양한 장애물에 직면할 수밖에 없다. 사회연대경제가 나타나게 되는 상황 자체가 사회연대경제를 일반화하는 데 걸림돌인 것은 아닐까? 사회연대경제의 다양한 주체가 전형적인 자본주의 기업과의 경쟁 속에서 지속해서 생존할 수 있을까?

체제 결함을 보완하는 사회연대경제의 세 가지 경로

이미 강조했듯이 사회연대경제의 강점은 경제주체의 혁신 능력에 있다. 이는 하나의 사회경제체제 내에서 발생하는 사회적 유대를 위협하는 불균형과 위기에 대응하여 새로운 방식을 모색하는 능력을 말한다. 역사적으로 다양한 위협이 순차적으로 나타났다.

먼저 상업자본주의의 발흥은 사회를 불안정하게 만들었고, 이에 따른 급격한 변화로 위협받는 주민을 보호하기 위한 조직이 만들어졌다. 다음으로 노동자에 대한 과도한 착취는 소비협동조합, 나아가 생산협동조합으로 노동자들을 결속시켰다. 또한 노동자들이 신용에 접근할 수 없었던 현실은 연대금융이라는 독창적인 형태의 금융을 탄생시켰다. 장기간에 걸친 투쟁의 결과로 노동조합 결사의 권리가 보장되었고, 노동에 특화된 법률이 제정되었으며, 산업재해, 실업, 건강 그리고 퇴직 등을 포괄하는 사회보장체제가 구축되었다. 그러나 중앙집권화와 절차의 복잡성으로 인해 국가는 사회정책을 추진하는 데 있어 한계에 봉착하게 되었다. 이는 예컨대 고용 기회를 제공하는 비영리단체가 등장하게 된 배경이 되었다.

오래전에 산업화를 이룬 경제에서 노동계약 관련 규제를 축소하는 정책과 사회보장체제를 소위 '합리화'하려는 노력이 진행됨에 따라 역사적 유산을 가진 이러한 조직들은 새로운 변화를 겪고 있다. 협동조합, 공제조합, 비영리단체 등은 활동 부문과 국가적 맥락이 교차하는 지점에서 각기 고유한 경로를 발전시키고 있다. 장기적으로 다음과 같은 세 가지 형태가 가능하다.

- 첫 번째 형태는 시장이나 국가가 다룰 수 없거나 해결하려고 하지 않는 문제를 완화하는 역할을 사회연대경제가 계속 수행하는 것이다. 사회연대경제는 기존 체제의 목발 역할을 하며, 이처럼 절대적으로 필요한 연대를 '제3섹터'에 위임함으로써 체제는 통합을 위한 개혁을 하지 않아도 된다. 이를 잘 보여주는 예로 미국의 자선 재단이 있다. 이

재단들은 불평등의 급격한 증가로 인한 사회적 문제를 완화하는 역할을 맡고 있다.

• 하지만 사회연대경제가 사회경제체제의 일부로 자리 잡고, 각각의 고유한 논리를 강화하는 방향으로 발전할 가능성도 있다. 즉 자본주의는 축적만을 추구하고, 국가는 권력 획득을 위한 정치적 투쟁의 장이 되며, 사회연대경제는 사회적 유대 유지 책임을 온전히 떠맡는 것이다. 이러한 혼합 형태는 여전히 자본 축적에 지배되기는 하지만 새로운 체제로 이어질 수도 있다.

• 세 번째 형태는 연대 원칙이 경제와 정치 모두에서 지배적인 위치를 차지하여, 이 세 가지 질서시장, 국가, 사회연대경제의 위계가 역전되는 상황을 상정한다. 이는 사회적경제 창립자들이 꿈꿨던 이상형에 부합하며, 그들은 이를 대안적 체제로 정의할 수 있다고 생각했다. 어떤 조건에서 이 형태가 출현할 수 있을까?

사회연대경제가 지배하는 체제는 그 다양한 구성요소 사이의 시너지를 전제로 한다

사회연대경제의 반응은 겉보기에는 서로 관련이 없어 보이는 문제에 대한 대응으로 나타난다. 생산협동조합은 자본주의 기업에 소속감을 느끼지 못하는 노동자를 끌어들이고, 보험이나 건강 관련 공제조합은 주주가 아니라 조합원에게 발언권과 권한을 부여한다. 비영리단체에서 일하는 자원봉사자와 직원은 개인의 경제적 이득이 아니라 사회적 유용성을 추구하며, 재단은 사회적 유용성과 세금 부담 경감을 결합하려 한다. 이 지점에서 다음과 같은 질문이 제기된다. 사회 조직의 결함으로 인한 이러한 의존성을 어떻게 사회연대경제의 모든 구성요소와 활동 간의 상호보완성을 심화시키는 누적적 과정으로 전환할 수 있을까? 이러한 과정은 장기에 걸쳐 이루어지며, 이 과정을 이끄는 보이지 않는 손은 존재하지 않는다. 오히려 일정한 형태의 제도화를 전제로 한다.

구조적 위기에 시달리던 봉건제가 상업자본주의로 이행되는 과정에서도 자동적인 전환은 일어나지 않았다. 몇 세기가 지난 후에도 많은 사회가 이 단계를 넘지 못했다는 사실이 이를 뒷받침한다. 실제로 상업은 새로운 신용 수단, 기업경영을 위한 독창적인 회계체계, 지나치게 무거운 세금으로 기업가를 억압하지 않는 정치권력, 그리고 점진적으로 구축된 상법 등을 필요로 한다.

이러한 혁신들이 상호 공명을 이루게 될 때 새로운 생산양식이 등장하는데, 이는 중요한 사회 변화를 이끄는 축적과정을 동반한다. 그러나 새로운 생산양식 또한 고유한 모순이나 생태적 한계에 주기적으로 부딪히게 된다. 바로 이러한 위기 속에서 사회연대경제가 주도하는 혁신이 두드러진다.

현대사회도 예외는 아니며, 사회연대경제의 혁신 능력, 그리고 다른 방식으로 사업을 전개할 수 있는 역량이 시험대에 오르고 있다. 사회연대경제의 주체들이 생산, 소비, 신용, 금융 및 보험 등 다양한 영역 간의 시너지를 발전시키고 있는가? 그리고 이를 통해 사회연대경제의 내적 통합과 확장 움직임이 시작되고 있는가?〈그림 7〉참고

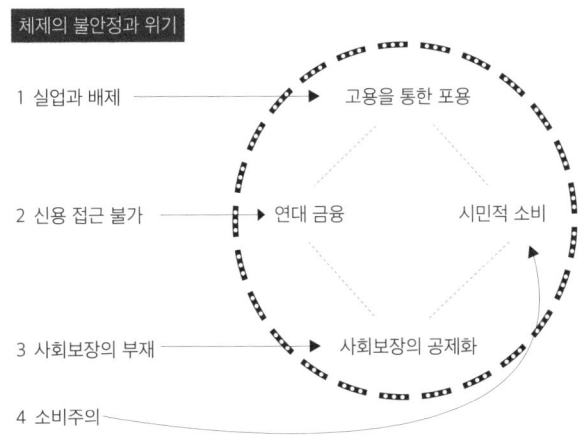

<그림 7> 위기에 대한 일련의 대응부터 독창적인 사회경제체제의 형성까지

이러한 목표를 달성하는 데 필요한 두 가지 조건을 명확하게 제시할 수 있다. 즉, 경쟁에서 살아남을 수 있을 만큼 충분한 경제적 성과, 그리고 사회 전반에 걸쳐 연대의 원칙을 구현할 수 있는 능력이 그것이다.

사회연대경제는 생산 효율성 측면에서 우위를 주장하지 않는다

경제학자이자 사회적경제의 주요 이론가 중 한 명인 샤를 지드 Charles Gide는 자신의 저서 『정치경제학 원리』1931에 다음과 같이 쓰고 있다. "주식회사는 모든 기업의 전형적 형태가 될 뿐만 아니라, 인간 활동의 모든 영역으로 확장될 수밖에 없다고 생각하는 경제학자들이 있다. 하지만 우리는 이를 미래의 형태로 받아들일 수 없다. 주식회사는 개인이 아닌 자본만을 결합하고 거의 모든 책임을 제거하는 특징이 있다. 이는 경제적 관점에서 우위를 점할 수 있지만, 도덕적·사회적 관점에서는 열등하다."

실제로 생산협동조합과 소비협동조합은 전통적으로 영리를 목적으로 하는 기업이 번성하는 시장에서 운영되는 조직이다. 주류경제학의 이론에 따르면, 영리를 추구하는 기업은 사회의 수요를 충족시키기 위한 자원 배분에 있어서 가장 효율적이다. 다소 오래되었지만 매우 유익한 논문[13]에 따르면, 협동조합은 그 지위 덕분에 특정한 경제적 이점

---

13 Jacques Defourny, Coopératives de production et entreprises autogérées : une synthèse du débat sur les effets économiques de la participation, *Mondes en*

을 발휘하지만, 특히 성장과 관련된 일정한 한계로 인해 불리한 점도 갖는다.부록 〈표 2〉 참고

자본주의 기업에서는 노동 강도와 노동자 참여를 둘러싼 갈등이 끊임없이 발생한다. 이로 인해 감시와 통제를 담당하는 위계구조가 마련되는데, 이는 결과적으로 생산성 저하를 초래할 수도 있다. 이와 반대로 협동조합 구성원은 자신이 집단을 위해 일하고 있다는 의식을 가지며, 자신이 생산하는 것의 품질 향상에 기여할 수 있다. 협동조합은 경기변동에도 비교적 안정적으로 고용을 유지하는데, 이는 집단적으로 결정된 노동 시간과 보수를 조정 변수로 활용할 수 있기 때문이다. 이처럼 '사회적 평화'는 노동자의 희생 없이도 경쟁력을 높이는 데 기여할 수 있다. 또한 협동조합은 낮은 노동자 이직률 덕분에 구성원의 고유한 역량에 대한 투자를 늘릴 수 있다. 물론 이는 협동조합의 강점이다. 논리적으로 보면, 자신의 수익과 자본 지분이 모두 협동조합의 생존에 연계되어 있어 협동조합 운영자는 상대적으로 위험을 감수하지 않으려는 경향이 있다.

마찬가지로 자본금 분할금지 원칙은 신용을 활용하는 것을 제한하는데, 이는 좋은 의미로는 신중하다고 할 수 있지만 결국 생산능력을 확대하여 규모의 경제를 실현하는 데는 장애가 된다. 집단적이고 민주적인 경영은 정보 처리의 복잡성에 직면하게 되고, 이에 따라 기본적

développement, tome 16, volume 61, 1988, p.139-153.

인 협력보다는 전문화의 필요성이 부각된다. 이는 협동조합의 이상을 위협할 수 있다.[14] 한편, 미시경제이론은 평균 생산성과 개인 생산성 간의 격차가 호모 에코노미쿠스homo œconomicus에게는 게으름을 부추길 수 있다는 부정적인 결과를 강조하지만, 이는 사회적경제의 주체들에게 반드시 해당하는 것은 아니다.

협동조합이 자본주의 기업보다 우월한지 아닌지는 이론적으로 결론지을 수 없다. 이는 각각의 관련 메커니즘과 활동이 매우 다양하기 때문이다. 이 점은 사회연대경제의 각 주체가 얼마나 생존 가능한지를 판단하는 중요한 기준이 된다.〈그림 8〉

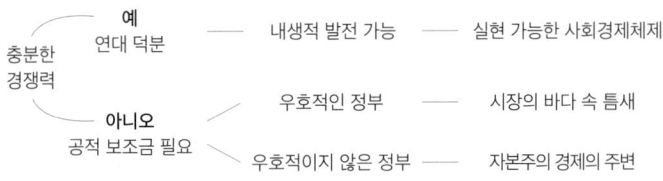

<그림 8> 사회연대경제 구조의 생존 가능성: 세 가지 가능한 결과

한편으로 사회연대경제는 연대를 통해 더 나은 성과를 낼 수 있는 특정 부문이나 지역에서 작동하며, 주로 지역 차원에서 더 나은 회복

---

14 자동차산업의 노동 과정을 분석한 한 연구는, 이와는 반대로 지식의 공유가 생산성뿐만 아니라 노동 환경에도 매우 긍정적인 영향을 미치는 집단적 지능에 접근할 수 있도록 한다는 점을 보여준다.(Michel Freyssenet, "La production réflexive", une alternative à la "production de masse" et à la "production au plus juste"?, *Sociologie du travail,* n° 37, 1995.)

력을 보여줄 수 있다.[15]

다른 한편으로 연대가 강점이 아니라 비용으로 작용하여 적자를 낼 수도 있다. 이 경우 사회연대경제는 국가 공동체에 제공하는 경제적, 사회적, 정치적 이익을 근거로 국가 보조금을 받기도 한다. 비영리단체, 그중에서도 특히 배제에 맞서 싸우는 단체가 이 범주에 속한다.

이러한 맥락에서 다음과 같은 세 가지 시나리오가 가능하다. 첫째, 자립적으로 생존 가능한 사회연대경제; 둘째, 국가를 매개로 한 정부 지원을 통해 유지되는 틈새로서의 사회연대경제; 셋째, 시장 근본주의 이데올로기가 지배하는 상황에서 주변적 역할만 담당하는 사회연대경제.[16] 세 번째 시나리오에서 사회적 균열을 완화하는 데 있어 재단이 비영리단체 역할을 대신하는 경우는 제외한다.

경제적 성과를 넘어 사회연대경제의 확장에 영향을 미치는 두 번째 요소는 연대 원칙이 적용될 수 있는 범위이다.

지역적 연대는 사회연대경제의 일반화를 제한한다

장-루이 뒤몽Jean-Louis Dumont 전 의원은 "사회적경제는 국가 및 국제적 차원의 소명을 가지고 있지만, 협동조합은 모든 경제 활동을 포

---

15 Hugues Sibille, L'ESS dans les dynamiques collectives de territoire en transition : Le territoire comme possibilité, *Recma,* n° 364, 2022, p. 206-216.
16 Joseph E. Stiglitz, Moving beyond market fundamentalism to a more balanced economy, *Annals of Public and Cooperative Economics,* n°80(3), 2009, p.345-360.

괄하면서도 지역적 상황, 즉 지역 경제와 더 밀접하게 연관되어 있는 것으로 보인다"라고 평가하였다.[17]

사회적경제의 근간은 호혜를 바탕으로 신뢰를 구축하는 데 있다. 이는 폐쇄적으로 운영되거나 원칙에 동의하는 것을 전제로 새로운 구성원을 받아들이는 공동체에서 형성된다. 본질적으로 이러한 결속력은 협동조합, 공제조합, 비영리단체 등에 한정된다. 더 나아가 이러한 조직은 순전히 경제적 이익만을 추구하는 개인주의적 행동에 기반을 둔 시장경쟁의 압력에 저항해야 하는 과제를 안고 있다.

시장경제관계는 국경을 초월하는 속성을 지니고 있지만, 사회연대경제는 그러한 속성을 공유하지 않는다. 이는 국제적 연합체의 계속되는 노력에도 불구하고 마찬가지다. 유럽 통합은 왜곡되지 않은 자유경쟁 원칙에 기반하고 있어, 회원국 간의 연대를 구현하기 어렵다. 실제로 유럽연합EU의 지침과 규칙은 시장 조정을 촉진하는 방향으로 설계되었다. 그러나 COVID-19의 발생과 같은 예외적인 상황에서는 유럽연합 내에서 국가 간 자원 이전이 정당화되고, 일정 수준의 연대가 이루어진 사례도 있다. 하지만 이러한 혁신은 제대로 된 유럽 연방국가의 부재로 인해 제한되었다. 세금, 공공지출, 사회보장 등을 통한 소득 재분배로 국민적 연대를 실현하는 역할은 전통적으로 국가의 몫이기

---

17 Scarlett Courvoisier et Jean-Louis Dumont, *Une autre façon d'entreprendre : entretiens Coopératifs,* Cherche Midi, 2010.

때문이다.

마지막으로 생산 체인의 세계화와 금융 흐름의 완전한 이동성으로 인해 과세와 경제정책 방향에 대한 정부의 자율성이 약해지고 있다. 그리고 개별 국가 내부에서는 불평등이 심화하는 경향이 나타나고 있으며, 세계화의 수혜자는 피해자에 대한 보상을 꺼리고 있다. 세계 정부가 부재한 상황에서는 강력한 국제기구를 통해 실현될 수 있는 광범위한 연대조차 기대하기 어렵다.

사회연대경제를 넘어: 연대의 다양한 형태

지금까지의 논의는 다음과 같은 핵심 질문으로 이어진다. 즉 연대는 어떤 수준에서, 그리고 어떻게 표현될 수 있으며 표현되어야 하는가? 잘 고찰해보면 사회적 배제에 대항한 투쟁의 특정 사례를 통해 연대가 구현되는 최소 네 가지 방식을 도출할 수 있다.

- 첫 번째 방식은 사회적 배제에 대항하는 투쟁을 사회연대경제의 비영리단체에 배타적으로 맡기고, 다른 모든 기관과 제도는 자신의 고유한 목표를 추구하는 데 전념하는 것이다. 이는 제3섹터의 개념에 해당한다. 그러나 이렇게 고립된 연대의 섬들만으로 사회적 불평등 문제를 다룰 수 있을지는 분명하지 않다.

• 두 번째 방식은 '미션 기업entreprise à mission' 인증을 통해 기업 내에서 이윤 추구와 사회적 통합 사이의 타협점을 모색하는 것이다.[18] 이 방식은 그 정당성을 확신하는 자본 제공자를 확보할 수 있다면, 비록 다른 기업보다 수익이 낮더라도 작동할 수 있다. 이를 통해 연대의 범위는 확장되지만, 현재로서는 그 영향이 제한적이다.

• 전국적 차원에서, 국가는 모든 기업에 고용, 조직, 훈련 등에 관한 결정으로 발생하는 모든 외부효과, 특히 부정적인 외부효과를 고려하도록 강제할 수 있다. 이 경우에 노동 관련 규제와 법률은 사회연대경제를 대체하게 된다. 이는 더 높은 수준의 사회화이다. 그러나 이 방식이 실현되기 위해서는 노동에 유리한 세력 관계가 전제되어야 한다. 과거 포디즘 시대에는 생산성 향상을 가져올 기술 도입의 수용과 그에 따른 수익에 비례하는 임금 인상을 맞바꾸는 타협이 이루어졌지만, 2020년대에는 이 타협의 내용이 크게 달라질 것이다. 이제 고용은 더 이상 생산성 향상에 따른 이익 배분이 아니라, 기업 목표에 대한 노동자의 동의의 대응물이 될 것이기 때문이다.

---

18 Nicole Natat et Jean-Dominique Senard, L'entreprise, objet d'intérêt collectif, rapport aux ministres de la Transition écologique et solidaire, de la Justice, de l'Économie et des Finances, et du Travail, 2018. '미션 기업'으로 인증받기 위해서는 해당 기업은 설립 목적과 사회적·환경적 목표를 정관에 명시해야 하고, 이 목표를 달성하기 위해 무엇을 했는지 독립적인 제3의 기관에 의해 정기적으로 실사를 받아야 한다.

• 마지막으로 심각한 위기 시기에는 국가가 최후의 고용주로서 두드러지게 복귀하는 경우가 있다. 세 가지 방식을 예로 들 수 있다. 하나는 공공 일자리를 대규모로 창출하는 방식이고, 다른 하나는 임금총액의 상당 부분을 사회화하는 방식이며, 마지막으로 중앙은행으로부터 차입을 통해 시민의 소득을 지원하는 방식이다. 첫 번째 방식은 1848년 프랑스의 국가 작업장Ateliers nationaux의 후신이라 할 수 있고, 두 번째 방식은 2020년과 2021년의 보건 위기 시기에 프랑스나 독일에서 비정규직 시간제 고용에 보조금을 지급했던 것을 예로 들 수 있다. 세 번째 방식은 2020년 팬데믹을 저지하기 위해 생산 중단을 결정했던 미국에서 시행되었다.

COVID-19 위기 시기에 비영리단체 활동이 상당한 규모로 이루어졌지만, 미디어와 정치영역에서 잘 보이지 않았던 이유를 이로써 설명할 수 있다. 위기의 시기에는 배제의 위험이 커지면서, 지역 차원의 상호 부조와 호혜를 넘어서는 더 강력한 수단의 동원이 필요해진다.

이처럼 연대를 중심 가치로 삼는 사회를 구현하는 데에는 여전히 수많은 장애물이 존재한다. 하지만 사회적 양극화, 갈등 증가, 또는 신용 고갈로 인해 부와 권력의 축적과정과 이들 사이의 결합이 위기에 처할 때 이 연대의 가치는 더욱 부각된다.〈그림 9〉

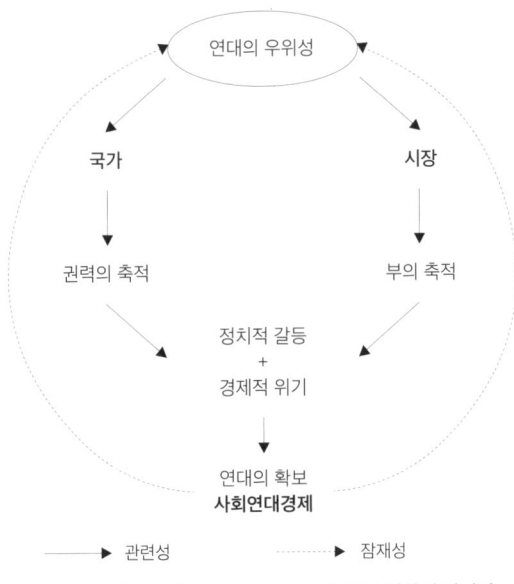

<그림 9> 사회연대경제의 도전: 권력과 부의 역학에 맞서기

사회연대경제의 미덕으로 회귀하는 것은 반복적으로 나타나지만, 기존 위계의 전복은 나타나지 않았다. 적어도 현재까지는 그렇다. 사회연대경제가 장기적인 경로로 자리 잡기 위해서는 그만큼 강력한 과정이 필요함을 고려할 때, 그리 놀라운 일은 아니지 않은가?

또 다른 약점은 정당화 영역에 있다. 다양한 형태의 사회적 혁신은, 경제주체가 일상적인 자기 행동을 인도하기 위해, 그리고 국가가 기존 규칙을 재고하는 것에 정당성을 부여하는 데 필요한 이론적 틀을 제공하고 있는가?

제4장
사회연대경제의 이론적 기반의 다양성과 절충주의
: 강점인가 아니면 약점인가?

사회연대경제는 경제학자들에게 다음과 같은 흥미로운 질문을 제기한다. 하나의 생산양식마르크스주의적 접근 또는 사회경제체제제도주의적 접근가 형성되고 공고화되는 과정에서 이론 또는 더 단순하게는 학문적 관점은 어떤 역할을 할 수 있는가?

실천가의 혁신이 먼저

자본주의는 애덤 스미스의 『국부론』1776의 내용을 실천한 결과로 나타난 것이 아니다. 자본주의는 상인의 창의성에서 비롯되었다. 이들은 이윤 증대를 위한 조건에 대한 분석적 접근을 통해 단순한 현금회계를 넘어 손익회계, 보험 및 위험의 상호 분담 메커니즘, 환어음, 상업은행 등을 발전시켰다. 장거리 무역에서 축적된 부는 제조업으로 재배치되어 노동 분업을 확대하고, 누적적인 생산성 향상을 촉진했다. 애덤 스미스의 재능은 이렇게 새로 등장한 체제를 이론화한 데 있다. 이후 그의 후계자들은 이 체제의 특성을 파악하고, 과세, 국제 무역, 노동 관련 법률 등에 관한 여러 가지 정치적 선택을 정당화하기 위해 다양한 모델을 제시했다.

비슷한 맥락에서 이와 유사한 일련의 과정이 사회적경제의 발전경로에서도 나타난다. 일부 협동조합은 16세기까지 거슬러 올라가며, 조합원은 위험을 상호 분담하였다. 협동조합은 초기에는 소비를 목적으로 했으나, 점차 생산 부문, 나아가 신용 부문으로 확장되었다. 이는 특히 경제위기 시에 심화하는 노동자 빈곤화의 위협에 대응하기 위한 방안이었다.부록 〈표 3〉 참고 경제주체들은 이러한 형태의 조직을 발명하고, 시행착오를 거치면서 이를 운영해 왔다. 이러한 노하우는 독창적인 조직으로 이어지는 길을 열어주었다.

혁신을 연구하는 이론가들은 이와 같은 기술적, 조직적 발전의 원천을 설명하기 위해 테크네techné라는 개념을 사용하는데, 이는 개념의 총체를 지칭하는 이론에피스테메, épistémè과는 관련이 없다.

전통적으로 상충하는 패러다임에서 비롯된 다양한 정당화

19세기 중반부터, 국가를 비판하고 경제적 자유주의를 주장하는 지식인뿐만 아니라 유토피아적 사회주의 이상을 제시하는 실천가 모두 사회적경제를 강조하였다. 첫 번째 진영에서는 샤를 뒤느와예Charles Dunoyer가 "정부가 사회 안에 있는 것이지 사회가 정부 안에 있는 것이 아니다"라고 주장한다. 두 번째 진영에서는 로버트 오언Robert Owen이 공동체가 복지를 우선시하는 경제 조직의 토대임을 역설하며, "인간이 누릴 수 있는 모든 행복을 영원히 얻을 수 있는 유일한 방법은 모두가 각자의 이익을 위해 연합하고 협력하는 것이다"라고 말했다.

생시몽Saint-Simon에 따르면, 합리주의는 기독교의 가르침을 실제로 실행에 옮기는 것이다. "참된 기독교는 모든 인간이 서로 형제처럼 행동할 것을 명령한다. 예수 그리스도는 도덕적, 물질적으로 가장 빈곤한 계층의 삶을 개선하는 데 가장 크게 이바지한 자들에게 영원한 생명을 약속하셨다."

19세기 말과 20세기 초 사상가들이 주창한 연대주의는 상반되는 개념들, 즉 사회주의, 자유주의, 자유주의적 사회주의와 사회적 자유주의, 노동자 민주주의, 협동 사회주의, 나아가 무정부주의에 근거하고 있다. 한쪽 끝에서는 셀레스탱 부글레Célestin Bouglé가 "모든 사회학적 명제는 직접적이든 간접적이든 연대를 증명하는 것이다"라고 선언하며 연대가 사회 전체의 기반임을 주장했다. 반면 표트르 크로포트킨Peter Kropotkine은 경쟁을 제거하기 위한 진화와 학습의 산물로 연대를 보았다. 그는 다음과 같이 말했다. "연대는 개인적인 사랑이나 동정심보다 훨씬 더 넓은 감정이며, 매우 느린 진화 과정을 거쳐 동물과 인간 사이에서 조금씩 발달해온 본능이다. 이를 통해 동물과 인간 모두 서로 돕고 지원함으로써 얻을 수 있는 힘과 사회적 삶이 제공하는 즐거움을 배울 수 있었다."부록 〈표 4〉 참고 사회적경제에 대한 또 하나의 정당화는 가장 전통적인 미시경제이론에서 비롯된다. 이 이론에 따르면, 사회연대경제는 시장 메커니즘의 결함을 보완하고, 중앙정부의 정책으로는 해결할 수 없는 지역 공공재를 재정적으로 지원하는 역할을 부여받는다.

이처럼 다양한 정당화가 하나로 융합되었다면 사회연대경제가 현대 경제의 중심으로 자리 잡을 수 있었을지도 모른다. 그런데 왜 그러지 못했을까? 다수의 창시자가 존재한다는 바로 이 점이 사회연대경제의 중대한 약점으로 보인다. 이는 사회연대경제가 자본주의와 사회주의라는 대립하는 두 체제의 틈새에 끼인 상태에서 정의되기 때문이다. 이미 언급했듯이, 이론적으로든 정치적으로든 이러한 대립 속에서 제3의 길은 배제되기 마련이다. 이런 이유로 사회연대경제의 이론가가 기업가나 실천적 행위자로 전환되는 경우는 드물다. 요컨대, 사회연대경제는 여전히 하나의 테크네technè일뿐 에피스테메épistémè는 아니다. 다시 말해서 사회연대경제는 합의된 이론적 구조에서 도출된 것이 아니라, 여전히 발견의 수준에 머물러 있다. 이와 대조적으로 자본주의와 사회주의는 오랫동안 이론에 기반한 체제인 것으로 여겨졌지만, 결국에는 본질적으로 사회적, 정치적 투쟁과 이데올로기의 산물임이 드러났다.

사회연대경제의 제도화 과정: 정치적 문제

사회연대경제의 제도화는 사회를 새로운 방식으로 조직하려는 사회경제적 집단에 관한 문제를 제기한다. 자본주의에서는 장거리 무역상인, 이어서 산업가, 그리고 마지막으로 금융업자가 정치권력에 압력을 행사해 법률과 세제를 자신들의 활동이 비약적으로 성장하는 데 유리하게 작용하도록 만들었다. 사회주의를 위한 투쟁은 노동자, 특히 프롤레타리아의 주도로 진행되었다. 그 목적은 만인에 대한 만인의 경쟁과 정반대되는 질서를 구현하는 것이었다. 자본, 생산, 고용의 집중화는 노동자가 공통의 이해관계를 인식하게 했고, 이는 노동조합과 정당 설립의 원동력이 되었다.

사회연대경제에는 두 가지 유형의 주체가 참여한다. 첫 번째 유형은 개인의 힘으로는 실현할 수 없고, 이윤만을 목적으로 하는 전형적인 기업의 법적 틀 내에서도 실현할 수 없는 프로젝트를 성공적으로 수행하려는 시민들이다. 이 유형에 속하는 예로는 참여형협동조합기업 중의 하나인 'Alternatives économiques대안경제[19]'가 있다. 두 번째 유형은 경제위기 또는 무기력하거나 무능한 국가의 사회보장체제에 의해 고용에서 배제된 사람들이다. 이 두 가지 유형의 사회연대경제 주체는 정의상 둘 다 경제 내에서 주변화되고 정치 사회에서도 변두리에 존재

---

19 역자 주: 1980년에 창간된 프랑스 시사경제월간지로 참여형협동조합기업이 편집과 발간을 책임지고 있다.

한다. 이로 인해 이들은 개인적이고 국지적인 경험을 넘어서는 공동의 이익이 있음을 인식하고, 이를 조직하고 방어하는 데 어려움을 겪는다. 심지어 사회연대경제 내부에서도 이해관계의 충돌이 존재한다. 교육연맹Ligue de l'enseignement과 가톨릭 교육 사이의 대립, 유전자 변형 작물을 옹호하는 종자산업 대기업 Limagrain농업협동조합이 설립한 프랑스 기업과 유기농 및 소농 농업을 옹호하는 AmapAssociation pour le Maintien d'une Agriculture Paysanne: 소농농업유지협회 간의 갈등이 그 예이다. 이처럼 연대의 원칙에 따라 운영되는 체제의 발전을 가로막는 장애물은 다양하다.

사회연대경제의 제도화 과정을 분석하는 작업은 꼭 필요하다. 앞에서 언급한 실천가와 이론가로 나뉘어진 이원론은 정치적 측면을 과소평가하는 경향이 있기 때문이다. 사회적경제의 이상과 사회연대경제 실천가의 다양한 실천적 이니셔티브 사이의 간극을 메운 저자는 거의 없었다. 이와 비슷한 상황을 사회연대경제를 전문적으로 다루는 학술지 Recma[20]에서도 보게 되는 것은 인상적이다. 이 저널은 학자나 전문가가 기고하는 이론에 관한 일반 논문과 사회연대경제 실천가의 경험

---

20 역자 주: Recma는 사회연대경제 전문 학술지 Revue internationale de l'économie sociale 의 또 다른 명칭이며, 이를 발행하는 비영리단체의 이름이기도 하다. 1921년 Charles Gide 와 Bernard Lavergne가 Revue des études coopératives 라는 학술지를 발간하면서 설립 하였는데, 1990년부터 학술지 명칭이 Revue des Etudes Coopératives, Mutualistes et Associatives로 변경되었고, 이로부터 Recma라는 명칭이 유래되었다.

을 담은 기술적 논문이나 모노그래프 형식의 논문을 나란히 배치하는 이중 구조로 구성된다. 물론 일부 호에서는 사회연대경제에 대한 입법적 진전을 평가하는 글이 실리기도 하지만, 사회연대경제의 제도적 진전에 이르는 과정에 대한 분석은 거의 이루어지지 않았다. 그러나 그 과정에 대한 분석은 반드시 필요하다. 이 과정은 사회연대경제가 지배적인 위치에 있는지, 혹은 종속된 위치에 있는지를 이해하는 데 핵심적인 역할을 하기 때문이다.

지역 혁신과 사회경제체제 사이: 중위 수준

사회과학, 특히 경제학의 발전을 가로막는 중대한 난제가 있다. 대부분의 이론은 미시적 수준에서 거시경제적 수준으로 직접적인 전이를 가정하며, 양자 사이에서 일종의 중재 역할을 하는 중간 조직의 존재를 부정한다. 회사법은 사회연대경제 주체를 어떻게 다루는가? 세제는 사회연대경제 구조의 긍정적 효과를 인정하는가? 개인은 임금노동자, 자영업자, 협동조합원, 또는 사회연대경제 단체 회원 중 어떤 선택을 하는가? 이러한 다양한 요소들 사이의 일관성으로부터 연대의 원칙을 실제로 구현하는 데 영향을 미치는 유인과 제약이 비롯된다.〈그림 10〉이 중위 수준은 사회연대경제의 미래에 결정적인 역할을 한다.[21]

---

21 Thomas Lamarche et Catherine Bodet, Des coopératives de travail du XIXe siècle aux CAE et aux SCIC : les coopératives comme espace méso critique, *Recma*, n° 358, 2020.

이러한 관찰은 다양한 자주관리 모델의 운명을 분석할 필요성을 제기한다. 왜 대안적인 사회경제체제를 구축하는 것이 그렇게 어려웠을까?

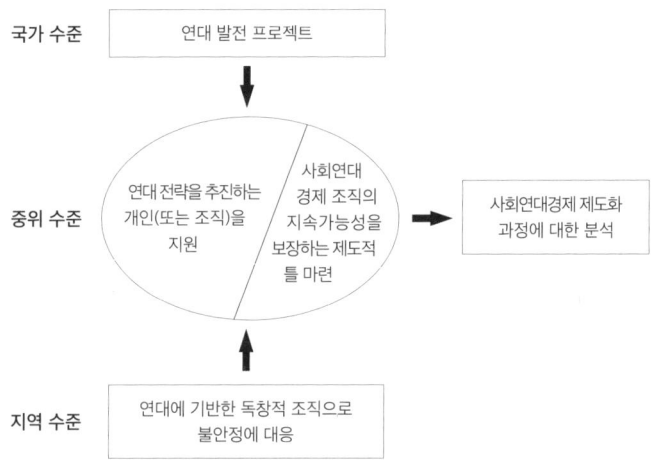

<그림 10> 중위 수준: 사회연대경제의 아킬레스건인가?

제5장

협력에서 사회경제체제로
: 자주관리 모델 재고찰

"사회연대경제에서 기업활동은 정치적 행동의 한 형태이다. 이는 세상을 변화시키는 일이다."- 에릭 다슈Éric Dacheux, 다니엘 구종Daniel Goujon[22]

지금까지는 사회연대경제의 경제적 측면과 개념적 측면에 중점을 두었는데, 이제 사회연대경제의 더 야심 찬 목표로 돌아갈 필요가 있다. 그 목표는 시장도 국가도 충족시키지 못하는 필요를 경제보다 우선순위에 두는 것뿐만 아니라, 노동의 창조적 특성과 개인의 사회화에서 노동의 역할을 인정하는 것이다. 이와 관련하여 협동조합의 경험, 특히 자주관리 프로젝트는 어떤 성과를 냈는가?

협동조합의 강점과 약점에 대한 제도주의적 분석

협동조합은 전통적인 기업의 성과 기준으로 평가되어서는 안 되며,

---

22 Éric Dacheux et Daniel Goujon (dir.), *Réconcilier démocratie et économie*, op. cit.

부록 〈표 2〉 참고 협동조합의 구성적 특성에서 잘 드러나는 그 고유한 목표에 따라 평가되어야 한다.부록 〈표 5〉 참고

협동조합에서 생산의 주된 목적은 사회적 유용성에 있어야 하며, 이윤 극대화금융 지배 자본주의에서는 주주 가치가 중심이 되어서는 안 된다. 이러한 차이는 새로운 생산양식의 가능성을 시사한다. 경쟁에 저항하는 능력은 현실적 제약으로 작용할 수 있지만, 그것 자체가 지침이 될 수는 없다. 민간 부문에 속하므로 협동조합은 부실경영에 따른 파산뿐만 아니라 경제위기에 따른 파산의 위험을 내포하며, 이는 일부 협동조합을 위태롭게 할 수 있다. 그러나 동시에 빈곤화와 사회적 배제의 악순환을 차단하려는 새로운 비영리단체의 등장을 촉진하는 계기가 되기도 한다. 사회연대경제의 이러한 양면성이 바로 본질적인 요소이다.제6장 참조

자본보다 인간을 우선시하는 것은 임노동관계가 겪는 변화를 넘어서는 해방적인 프로젝트이다. 자본주의 기업은 고용 조정, 노동 과정 재편성, 보수 및 근무 시간 조정 등을 통해 수익성을 극대화한다. 이에 반해 협동조합은 고용관계 유지를 최우선 과제로 삼는다. 이는 일본 대기업에서도 마찬가지인데, 미국에서 관찰되는 구조와는 뚜렷이 구별된다. 이로 인해 생산성을 확보하는 메커니즘도 달라지는데, 조합원의 참여가 협동조합의 상대적으로 낮은 설비 투자 수준을 상쇄하는 역할을 한다.

이 두 가지 목표는 협동조합의 경영 전반에 영향을 미친다. 협동조합은 상품과 서비스의 독창성, 그리고 회원들의 참여를 기반으로 더 우수한 품질을 통해 차별화를 이루어야 한다. 그런데 협동조합의 적립금 분할금지 원칙은 신용 접근을 제한하여 생산능력의 확대를 저해하는 불리한 조건으로 작용한다. 이는 스타트업과 같은 기업에 비해 협동조합이 폭발적으로 성장하는 사례가 드문 이유를 설명해 준다. 반면, 스타트업과 같은 기업은 금융 혁신의 모든 자원, 심지어 고위험 자원까지도 최대한 활용한다.

반면 협동조합 부문은 주기적으로 발생하는 투기적 과열로 인한 경기침체나 해고 사태의 영향을 비교적 덜 받는다. 이는 협동조합이 지역에 뿌리를 두고 지역의 필요를 충족시키는 데 주력하기 때문이다. 특히 경제위기에 대응하여 농업 분야에서 근거리 유통 체계가 발전한 사례가 이를 잘 보여준다. 이러한 독창성은 두 부문이 각각 발전시키는 혁신 유형에서도 드러난다. 상장 대기업은 금융 및 기술 혁신을 추구하는 반면, 협동조합, 공제조합, 그리고 특히 비영리단체는 조직적 및 사회적 혁신에 주력한다.

이 지점에서 지금까지의 분석 전반에 걸쳐 이미 언급된 주요한 구분이 필요하다. 사회연대경제 조직들이 경쟁 원칙이 지배적인 법적, 특히 정치적 환경에서 운영되는 것인가? 혹은 반대로 국가 기구들이 협력 원칙의 존재와 장기적 지속 가능성, 나아가 그 우위를 수용하는 것인가?

중위에서 거시로: 어떤 제도적 동형화가 가능한가?

사회연대경제는 법적 형태와 활동 분야의 다양성, 그리고 지역적 분산이라는 특징을 지닌다. 유명한 표현을 빌리자면, 협동조합, 비영리단체, 공제조합, 재단은 자본주의 기업이라는 대양에 떠 있는 작은 섬과 같다. 자본주의 기업은 끊임없는 이윤 추구 과정에서 대륙을 형성하며, 이는 사회연대경제 조직들을 일시적으로 경쟁에서 자유롭게 한다. 따라서 사회연대경제는 경제를 지배하는 원칙에 크게 의존한다: 그것이 만인에 대한 만인의 경쟁인가? 아니면 협력의 우선성인가? 사회연대경제의 운명은 시장경제가 요구하는 '경쟁력'이라는 필수조건을 충족시키는 능력에 본질적으로 의존하지 않는다. 그 대신 사회연대경제는 경제 활동을 규율하는 제도와 조직의 네트워크와 조화를 이루어야 한다. 이로 인해 사회연대경제에는 두 가지 가능한 경로가 열리게 된다:

• 그 형태(금융이 지배하는 형태, 혁신과 수출이 주도하는 형태, 또는 소비와 신용에 의한 성장 등)는 다르더라도 자본주의 논리가 매우 확고하게 자리 잡고 있어, 제도적 동형화에 따라 지배적인 기업과 긴밀하게 연계되어 있어야만 사회연대경제가 생존할 수 있는 경우가 첫 번째 경로이다.[23] 사회연대

---

23 이는 에릭 비데(Éric Bidet)의 분석을 정당화한다.(Éric Bidet, L'insoutenable grand écart de l'économie sociale. Isomorphisme institutionnel et économie solidaire, *Revue du Mauss,* n° 21, 2003, p.162-178.)

경제의 기능은 배제,[24] 사회적 단절 또는 양질의 교육 및 의료에 대한 접근 등과 같은 지배적 기업이 초래한 문제를 해결함으로써 지배적 기업이 자신들의 전략을 잘 추진할 수 있도록 지원하는 데 있다. 예를 들어, 미국에서 플랫폼 자본주의를 기반으로 등장한 신흥 억만장자들이 설립한 재단이 바로 이러한 역할을 하고 있다. 이 재단은 과도한 부의 축적을 정당화하는 한편, 자본과 대규모 부에 대한 감세로 공적 기구가 더 이상 보장할 수 없게 된 공공재를 사유화한다. 이러한 구조 속에서 비록 많은 자원봉사자가 이타적인 동기를 가지고 있더라도, 사회경제연대는 경제 권력에 헌신적으로 봉사하는 도구로 전락하게 된다.

• 두 번째 경로는 다소 덜 명확하다. 진보적인 정부가 협동조합, 상호조합, 또는 비영리단체 등이 활동할 수 있는 법적 공간을 보장하기로 결정할 수 있다. 이를 통해 사회연대경제의 혁신이 촉진되고, 전통적 기업과 맺는 상호 보완적 관계가 점차 약화될 수 있다. 이와 함께 생산협동조합, 소비협동조합, 상호신용협동조합, 연대금융,[25] 그리고 대안 화폐 간에 새로운 형태의 보완적 관계가 형성될 수도 있다. 이러한 변화는 협력의 원칙이 단순히 위기의 완충 장치로 머무르지 않고,

---

24 Bernard Perret et Guy Roustang, *L'Économie contre la société, op. cit.*
25 Daniel Bachet, La banque coopérative peut-elle devenir une alternative à la finance capitaliste?, *La Revue des sciences de gestion,* n° 255-256, 2012.

독창적인 사회경제체제를 구축하는 매개체로 자리 잡을 가능성을 열어준다. 이는 사회적경제 창시자들이 꿈꾸었던 유토피아와 어느 정도 유사할 수 있다.

이러한 시도들이 실행된 적이 있다. 자주관리에 중점을 둔 몇몇 정치적 프로그램으로부터 어떤 교훈을 얻을 수 있을까?

자주관리에 관한 역사적 관점

자주관리에 대한 엄밀한 분석은 특히 어렵다. 비교 연구나 사례 연구가 드물기 때문이다. 자주관리 관련 정책은 대부분 단기간에 그치거나, 시장과 경쟁을 현대성의 불가피한 지평으로 보는 관점이 다시 부상하면서 약화되었다. 신중히 살펴보면, 자주관리에 관한 연구에서 계속해서 제기되는 한 가지 질문을 발견할 수 있다. 이 경제체제가 내재적 비효율성으로 인해 실패했는가? 아니면 정치적 요인이 결정적인 역할을 했는가? 부록 〈표 6〉 참고[26]

유고슬라비아의 자주관리 경험은 가장 오랜 기간 지속된 사례로, 경제적 긴장이 없지는 않았지만, 연방의 붕괴가 이 시도를 종결지었음을 보여준다. 이 시도는 경제의 국유화와 자유주의적 자본주의 사이에서 제3의 길을 모색하려는 것이었다. 반면 이스라엘에서는 키부츠Kibboutz

---

26 이 표는 주로 프랑스어 위키피디아의 자주관리 항목을 기반으로 작성되었다.

라는 협동조합을 기반으로 경제를 구축하려는 시도가 한때 효과적이었으나, 농업 부문에만 국한되어 있어서 국내총생산GDP 기여도가 낮아졌고, 이에 따라 한계를 드러냈다. 그러나 협동조합 운동의 지위를 결정적으로 격하시키는 역할을 한 것은 정치권력에 의한 문제 제기였다.

대부분의 다른 자주관리 경험이 단기간에 끝난 이유는 갑작스러운 경제 붕괴 때문이 아니라, 스페인공화국이나 살바도르 아옌데 대통령 시절의 칠레에서처럼 정치적 반대 세력의 승리 때문이다. 협동조합의 포기는 경제에 관한 의사결정을 중앙집중화하고, 노동자에 대한 정치적 통제를 강화하려는 정부의 전략적 변화에서 비롯될 수 있다. 권력의 논리가 부 창출에 대한 기대뿐만 아니라 연대라는 목표마저 압도하며 우위를 점한 것이다.

LIP[27] 노동자들의 경험은 파산한 기업을 노동자들이 인수하여 경영하려는 시도가 정부의 지원 중단으로 좌초된 사례를 보여준다.[28] 이 실패는 노동조합과 좌파 정치 세력이 자주관리를 노동과 사회 변혁을

---

27 역자 주: LIP는 프랑스의 시계 제조업체이다. 1973년 경영 위기로 인해 대규모 해고가 결정되자, 노동자들은 이에 반발하여 공장을 점거하고 자주관리 방식으로 시계 생산과 판매를 지속했다. 이후 경영진 교체, 노동자들의 시위, 공장 점거와 자주관리, 정부의 중재가 반복되었으며, 결국 1976년 기업은 파산에 이르게 되었다. 파산 후 인수자가 나타나지 않아 1977년 기업 청산 절차가 시작되었고, 노동자들은 협동조합을 설립하여 기업을 인수한 뒤 참여형협동조합기업 형태로 자주관리를 이어갔다. 이 실험은 1980년대 초 마무리되었지만, 프랑스 사회연대경제의 중요한 사례로 평가받고 있다.

28 Donald Reid, *L'affaire Lip. 1968-1981*, Presses universitaires de Rennes, 2020

위한 프로그램으로 삼는 것을 포기하게 된 계기가 된 것으로 보인다. 1981년 좌파가 집권하면서 국유화와 대기업 노동자의 권리 확장을 위한 프로그램이 시행되었다. 2022년에는 자주관리에 관한 요구가 교육, 의료와 같은 새로운 의제, 그리고 기후 문제나 팬데믹 위협과 같은 새로운 도전에 밀려 거의 사라진 것으로 보인다. 사회연대경제는 교육과 의료 분야에서는 유리한 위치를 점하고 있지만, 기후 문제나 팬데믹 위협에 대해서는 그렇지 못하다.제7장 참조

2001년에 시작된 대규모 경제위기 이후, 아르헨티나는 사회연대경제로부터 영감을 받은 다양한 시도들의 시험장이 되었다. 경제 활동과 교환을 재개하기 위한 수단으로서 지역 민간 화폐가 등장했고, 노동자들은 파산한 기업을 인수하여 운영했다.[29] 또한 인수된 기업들 사이에서 통용되는 공동 화폐도 도입되었다. 참여 노동자들은 자신들의 조직을 페론주의를 표방하는 정치 운동으로 전환하라는 유혹을 받기도 했었다. 그러나 사회적경제의 주체들은 주로 공공정책의 방향에 압력을 가하는 데 집중했을 뿐, 사회경제체제의 변화를 적극적으로 추진하지는 않았다.

---

29 Maxime Quijoux et Andrés Ruggeri, Les entreprises récupérées face au gouvernement néolibéral argentin, *Mouvements,* n° 97, 2019, p.140-148.

이스라엘 사회연대경제의 독창성
: 다양한 구성요소의 모샤브(Mochav) 내 통합

사회연대경제가 직면한 주요 어려움 중 하나는 다양한 조직과 구성요소를 어떻게 연대의 원칙이 지배하는 생태계로 조직할 것인가 하는 문제다. 이와 관련하여 이스라엘의 모샤브mochav 사례는 주목할 만하다. 키부츠kibboutz가 집단 농업 경영체라면, 모샤브는 마을이자 협동조합이라는 독특한 특징을 지닌다. 모샤브 마을의 모든 주민은 협동조합의 구성원이며, 협동조합의 구성원은 동등한 지위를 누리면서 모두 마을에 거주한다. 마을의 시장은 동시에 협동조합의 회장을 겸임한다. 이러한 장소적 통일성은 다양한 부서 사이의 상호작용을 촉진하는 데 기여한다. 각 부서는 농업 생산, 저축 및 신용, 중간재 공급, 마케팅, 물 공급, 소비, 저장, 건설, 주택, 농업 운송, 회계, 연금 또는 보험을 관리한다.[30] 이러한 상호작용은 협력과 연대를 뒷받침하는 기반을 제공한다.

모샤브의 두 번째 독특한 점은 이중 회계 시스템이다. 첫 번째 회계는 협동조합의 투자를 위해 각 구성원이 부담해야 할 몫을 산정하고, 두 번째 회계는 협동조합과 그 부서의 운영 비용을 기록한다. 이러한 시스템 덕분에 별도의 적립금을 조성할 필요가 없으며, 원가 기준으로 이루어지는 부서 간 비용 이전은 비용의 공정한 배분과 협동조합 원칙

---

30 Zvi Galor, Le mochav classique et ses départements en Israël, *Recma*, n° 336, 2015, p. 95-103.

준수를 보장한다.

그러나 이 모델은 농촌 마을에만 유효하며, 산업 및 서비스 부문에서는 널리 채택되지 못한 것으로 보인다. 초기 집산주의적 목표에서 벗어난 정치적 방향은 이 독창적인 모델의 잠재력을 점차 약화시켰다.부록〈표 6〉참고 이스라엘 경제가 발전하고 복잡해짐에 따라, 1921년에 탄생한 이 모델은 점차 그 적합성을 잃어가고 있다. 전통적인 경쟁 메커니즘과 개인주의 확산이 협동 정신을 훼손하며 점점 더 파괴적인 영향을 미치고 있기 때문이다.

쿠바
: 자주관리 조직에 대한 협력과 통제 사이에서 망설이는 국가

1990년대에 소련이 쿠바에 대한 지원을 중단하면서, 소수의 수출품에 의존했던 쿠바의 농업은 붕괴하였다. 이로 인해 식량 안보가 위협받았고, 시민사회가 국민의 긴급한 요구에 대응할 방안을 찾아야 했다. 운송비가 식량 공급을 제약하는 상황에서 쿠바인들은 도시의 수요를 충족시키기 위해 도시 농업을 발전시켰다. 다양한 혁신은 극적인 상황에서 요구되는 창의성의 전형적 사례라 할 수 있다.[31]

이런 협동조합들이 식량 정책의 구성요소로 자리 잡으면서, 국가는 이러한 자주관리 시도를 장려하기 위해 토지를 제공하고, 조직 설립

---

31 Ingrid Hanon, Agriculture urbaine et autogestion a Cuba, *Recma,* n° 337, 2015, p.84-99.

을 쉽게 할 수 있는 여건을 마련하게 되었다. 이는 사회적경제를 공공정책에 통합한 전형적인 사례로 볼 수 있다. 이러한 시도는 경제 활동의 점진적 자유화라는 전반적인 흐름 속에 포함되었다. 그런데 정부는 수정된 형태의 계획경제를 통해 지역 간 공정한 분배를 보장하면서도, 여전히 통제력을 유지할 수 있다고 판단했다. 이 성공은 자주관리 시도를 경제 전반으로 확장할 가능성을 시사하기도 했다. 하지만 당국은 딜레마에 직면했던 것으로 보인다. 어떻게 하면 사회적경제를 장려하면서도 전반적인 정책 방향에 대한 주도권을 잃지 않을 수 있을까?

여기서 다시 한번 사회연대경제의 역사를 관통하는 국가 논리와 협동조합 정신 간의 긴장이 드러난다. 앙리 노구에스Henry Noguès가 강조했듯이, "시민사회 내에서 태동하고 활동가들에 의해 추진된 경제적 시도의 발전은 권력을 행사하는 정책 당국의 관심과 동시에 우려를 항상 불러일으켜 왔다. 정책 당국이 관심을 두는 이유는 이러한 상호작용에서 경제적, 사회적 변화를 가져오는 유익한 프로젝트가 탄생했기 때문이다. 그러나 시도의 주체가 일단 대화 상대이자 제안 세력이 되면, 결국에는 공공 권력에 대한 비판적 세력, 나아가 반대 세력으로 변할 수 있다는 점을 우려했던 것이다."[32]

---

32 Henry Noguès cité par Jean-François Draperi, Quand les pouvoirs publics qualifient l'ESS, *Recma*, n° 349, 2018.

공유재(커먼즈): 사회연대경제와 동일시하는 것은 오류

이 지점에서 엘리너 오스트롬Elinor Ostrom이 발전시킨 공유재 이론이 자주관리 개념의 적합성에 결정적 기여를 했다는 점에 주목할 필요가 있다. 오스트롬은 한 집단의 구성원들이 다목적 자원을 공동으로 관리하기 위한 실험을 해볼 수 있고, 이를 통해 서로 다른 이해관계를 조화시키는 효율적이고 지속 가능한 조직 체계를 구축할 수 있음을 보여주었다. 이러한 거버넌스 방식은 위계적이지 않으며 일련의 계약으로 규정되지도 않는다. 이는 사회연대경제의 목적과 맞닿아 있으며, 그 프로젝트를 더욱 강화한다.[33]

그러나 공유재와 사회연대경제가 운영되는 맥락은 서로 다르다. 공유재의 경우, 목표는 제한된 물리적 자원을 상대적으로 고립된 환경, 다시 말해서 다른 주체와 상호작용이 없는 상태에서 관리하는 것이다. 물리적 자원이 제한되어 있다는 것은 자원이 제한된 양으로 존재하며, 한 개인이나 기업이 소비하면 다른 개인이나 기업이 사용할 수 있는 자원이 줄어드는 상황을 의미한다. 반면 사회연대경제는 고도로 발전된 사회에서 제품이나 서비스를 창출하는 데 중점을 둔다. 공유재는 실용적인 거버넌스를 통해 독창적인 해결책을 모색하는 데 비중을 두는 반면 사회연대경제는 생산협동조합이나 비영리단체를 규율하

---

33 Philippe Eynaud et Adrien Laurent, Articuler communs et économie solidaire : une question de gouvernance ?, *Recma,* n° 345, 2017, p. 27-41.

는 제도적 틀을 서서히 구축하는 법적 질서 안에 자리한다. 마지막으로, 사회연대경제는 시장경쟁, 공공 개입 등과 같은 조정 기제가 풍부한 경제에서 작동한다. 반면, 공유재에서는 시장과 국가 사이의 전통적 대립을 훌쩍 넘어서는 혁신이 주를 이룬다.부록 〈표 7〉 참고

엘리너 오스트롬의 기초적인 분석 이후,[34] 공유재라는 용어는 초기의 개념적 범주를 훨씬 넘어서는 다양한 문제에 적용되어 왔다. 예를 들어 일부 저자들은 위키피디아를 지식의 집합체로서 하나의 공유재 실현 사례로 간주한다. 그러나 이러한 비물질적 공유재는 동일한 지식을 공유하더라도 다른 사용자에게 불이익을 주지 않는 비경합적 자산을 바탕으로 한다. 따라서 개념적으로 위키피디아는 공유재에 해당하지 않는다. 그렇지만 위키피디아는 사적 이니셔티브와 공적 개입 사이의 제3의 길에 해당한다는 점에서 공유재와 연관성이 있다.[35]

공유재 개념은 더 광범위하게 확장되어, 주류경제학 이론의 일부 저자들은 이를 '전 지구적 공공재'와 동일시하려고 한다. 전 지구적 공공재에는 지구의 거주 가능성 보존, 세계 공중보건, 세계경제의 개방, 국제금융 안정 등이 포함된다. 이러한 접근은 경쟁과 국제 공공정책의 이중적 한계에 대한 대안을 제시하는 경로로서 정치적 매력을 지닌

---

34 Elinor Ostrom, *Governing the Commons, op. cit.*
35 Jordane Legleye, ESS et biens communs, un même coin entre "l'État et le marché"?, *Recma*, 2011.

다.[36] 그러나 분석적으로 보면, 세계적 규모로 조직된 시민사회는 존재하지 않으며, 이는 세계적 수준의 논의와 결정을 어렵게 한다. 세계적 차원의 정치적 무대의 제도화는 아직 요원하다. 공유재 이론이 가정하는 소수의 행위자 간 호혜 원칙과는 정반대에 있는 상황이다. 사회연대경제는 그 범위가 제한적이며, 공공재나 공익을 주장하는 데서 비롯된 것이 아니라, 행위자 간 상호작용의 결과임을 상기할 필요가 있다.

자주관리 프로젝트가 반복적으로 겪는 어려움에 비추어, 협력 형태의 출현과 그 진화를 결정하는 다양한 과정을 분석할 수 있을까?

---

36 Pierre Dardote et Christian Laval, *Commun. Essai sur la révolution au XXIe siècle*, La Découverte, 2014.

제6장

사회적 시장경제의 부침浮沈
: 하나의 이상을 향한 두 과정

사회연대경제가 경제적 성과의 우월성으로 자본주의 기업을 압도하며 지배적인 체제로 자리 잡을 수 없다는 것은 명백하다. 또한 사회연대경제를 지지하는 정치적 연합을 구축하는 것도 쉽지 않은 과제로 보인다. 이상적으로는 사회연대경제를 기반으로 하는 체제가 가능할 수 있지만, 이를 실현하려면 새로운 길을 열고 구체화할 수 있는 과정이 필수적이다. 두 가지 상반되는 과정이 작동하고 있으며, 이를 통해 사회연대경제는 성공, 성숙, 그리고 쇠퇴의 주기를 반복하고 있는 듯하다.

첫 번째 과정: 시장경쟁에서 소외되고 국가의 보호를 받지 못한 이들이 협력하기로 결정하다

협동조합, 특히 생산협동조합이 등장하는 배경에 관한 국가 간 비교 연구를 통해 하나의 상징적인 양상을 확인할 수 있다. 오랜 역사를 가진 기업이 경기변동으로 인해 경쟁이 심화하는 상황에 직면한다. 손실은 누적되고, 은행과 잠재적 인수자는 기업활동을 지속하자는 제안을 거절한다. 이런 상황에서 노동자 집단은 대개 현재의 어려움을 일시적인 것으로 간주하며 이를 극복하기 위해 지방정부나 중앙정부에 지원을 요청한다. 이들은 또한 기업 내 축적된 역량과 거시경제 여건이 개선되면 기업활동이 반등할 가능성에 대해 강한 신뢰를 가지고 있다.

그러나 정부가 구조적인 변화로 인해 기업이 생존할 가능성이 없다고 판단하여 공적 지원 연장을 거부하는 경우가 발생할 수 있다. 이러한 상황에서 노동자들은 자주관리 모델을 참고하여 생산수단을 물려받을 노동자 협동조합을 설립하자는 요구를 할 수 있다.[37] 이러한 과정은 위기 상황이 끊이지 않았던 아르헨티나뿐만 아니라, 프랑스 산업사에서도 나타난다. 대표적인 사례로 1970년대에 부도 위기에 처한 프랑스 브장송의 시계 제조업체 LIP를 들 수가 있다. 이 기업은 노동자들이 자주관리 방식으로 재가동했으며, 이후 참여형협동조합기업으로 전환되었다.

이론적으로 참여형협동조합기업의 설립은 두 가지 과정을 넘어서려는 시도로 해석될 수 있다. 한편으로는 파산을 생산구조의 정상적인 조정과정으로 여기는 시장 논리를 넘어서려는 시도로 볼 수 있고, 다른 한편으로는 기술 관료적 논리, 또는 정치적, 나아가 이념적 지향에 의해 주도되는 국가 논리를 넘어서려는 시도로도 볼 수 있다.

---

37 Sandrine Ansart, Amélie Artis, et Virginie Monvoisin, Les coopératives : agent de régulation au cœur du système capitaliste ?, *La Revue des sciences de gestion*, n° 269-270, 2014, p.111-119.

이 지점에서 사회연대경제가 경쟁 원칙, 그리고 정치권력의 역량 및 의지가 결합되어 형성된 한계 속에서 작동하고 있음을 다시 한번 확인할 수 있다. 이러한 출현 과정은 초기 협동조합 구조가 등장한 이래 지속적으로 반복되고 있다.

두 번째 과정: 지배적인 체제와 연결된 경쟁 압력과 모방이 협력을 위협하다

사회연대경제 조직들은 언제나 자본주의가 지배하는 기존의 사회경제체제 내에서 작동한다. 이들의 생존 가능성은 이 체제의 역동성과 양립할 수 있는지에 달려있다. 사회연대경제 형태의 출현을 촉발한 위기가 극복되면, 안정화된 성장 체제 내에서 경쟁이 다시 활기를 띠며, 사회연대경제는 이에 대응해야 한다. 보조금이나 보호 장치가 사라지면 사회연대경제의 활동영역은 제한될 수밖에 없다. 한편 공공 개입과 규제가 만연한 경제에서는 이러한 요인이 사회연대경제 고유의 역동성에 영향을 미친다. 여기에서 제도적 동형화isomorphisme 원칙을 확인할 수 있는데, 국가적 제도와 지역적 또는 부문별 조직 형태는 반복적인 상호작용을 통해 서로 조화를 이루게 된다.

이러한 힘은 특히 금융 부문에서 강하게 작용한다. 예를 들어, 협동조합은행의 경영진은 자사의 수익률이 가장 혁신적인 은행들에 비해 낮다는 점을 인식하고, 협동조합 원칙을 일부 포기하며 상장기업의 지위를 채택하려는 유혹에 빠질 수 있다. 또한 금융 위기 재발을 방지하기 위해 도입된 규제는 금융기관의 법적 지위와 관계없이 일률적으로 적용되는 경향이 있다. 이는 또 다른 혼합 형태로 사회연대경제의 기본 원칙을 위협하는 요인이 된다. 이로 인해 연대금융은 투기적 과열과 그로 인한 금융 위기의 소용돌이에 휘말릴 수 있다. 이러한 지배적인 제도의 파괴적 특성은 생산협동조합에도 영향을 미친다.

결과: 반복되는 사회연대경제의 성장과 쇠퇴

이처럼 대부분의 사회연대경제 형태는 출현과 쇠퇴의 과정을 반복하는 경향이 있다. 그 대표적인 사례로 아르헨티나의 통화 역사를 들 수 있다. 2000년에 발생한 대규모 경제위기는 은행 시스템과 결제 기능을 마비시켰고, 이는 민간 지역화폐의 창출을 촉발했다. 이 화폐들은 공식 부문에서의 고용 감소로 인해 발생한 빈곤층과 소외계층의 생존을 위한 최소한의 거래를 유지하는 것을 목표로 하였다. 동시에 외화 유입에 의존하는 중앙은행의 대응 능력으로는 감당할 수 없는 환율 위기는 경제정책을 무력화했다. 이러한 상황은 1976년부터 2020년대 초까지 반복적으로 나타났다. 중앙정부 마비로 각 지방정부는 유통 가능하며 지급결제 수단으로 사용할 수 있는 공공 부채 증권을 발행하게 되었는데, 이는 현대적 화폐의 기본으로 돌아간 것이라 할 수 있다. 그 결과 다수의 공공 지역화폐가 유통되었다. 민간과 공공의 혁신이 결합되어 최소한의 경제 활동이 유지될 수 있었고, 극심한 빈곤으로의 추락을 막을 수 있었다.

이러한 극적인 상황은 한편으로는 지급 불능 상태에 빠진 은행들의 파산으로, 다른 한편으로는 국제 채권자와의 공공 부채 재협상으로 이어진다. 이 고통스러운 과정을 거친 후, 놀라울 정도로 강력한 경제 회복이 이루어지며, 그 성공은 민간 지역화폐의 소멸과 국가 정책의 자율성 회복으로 이어진다. 이 회복 단계에서 이윤 추구 원칙에 따라 움직이는 전통적 기업의 활력이 커지면서 비영리단체와 협동조합의 역할은 상대적으로 축소된다.

1976년 대규모 경제위기로 기존 성장 체제가 종지부를 찍은 이후 아르헨티나가 경험한 경로는 전통 경제와 사회적경제 사이의 순환 주기를 보여주는 일련의 사례를 제공한다.〈그림 11〉

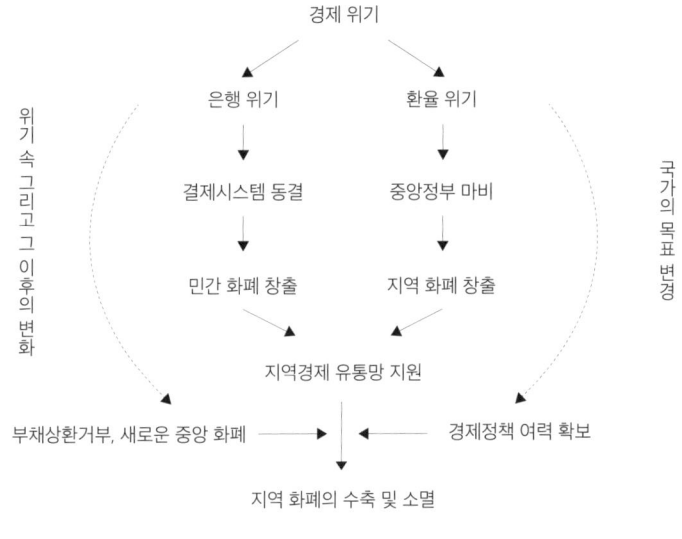

<그림 11> 은행 위기에 대한 지역화폐의 대응

더 일반적으로 세계 여러 나라와 지역에서 나타난 사회연대경제의 동학을 비교해서 살펴보면, 아무리 심각한 위기라도 자본주의 경제에서 연대와 호혜를 기반으로 한 체제로 전환하는 데는 이르지 못했다는 점이 드러난다.

도달하기 어려운 이상적인 모델

시장을 규율하는 데 있어 제도의 결정적인 역할을 강조하는 제도경제학은 이러한 반복적인 실패에 대한 설명의 실마리를 제공한다. 사유재산에 기반을 둔 경제에서는 임노동관계, 경쟁 체제, 화폐 및 금융 체제, 세계경제와의 연계, 시민과 국가 간의 관계 등과 같은 다양한 제도적 형태들 서로가 서로에게 맞춰지는 경향이 있다. 이 제도들은 상호 보완적인 효과를 창출하며, 이를 통해 해당 체제의 성과와 회복력을 설명할 수 있다.

그러나 사회연대경제는 지배적인 사회경제체제로 자리 잡는 데 필요한 상호 보완성을 조직하는 데 어려움을 겪는다. 실제로, 사회연대경제는 대부분 기존 사회경제체제의 구조적 약점을 보완하는 역할에 머무른다. 사회연대경제는 고유의 시너지를 발휘하여 이윤 추구 논리를 압도할 정도의 누적적 과정을 촉발할 능력이 없는 것이다.

어떤 의미에서 시장과 국가의 한계를 극복하는 각각의 혁신 흐름은 포용적인 생산협동조합, 소비자협동조합, 그리고 사회책임저축을 장려하는 독창적인 금융 방식 등을 창출해야 하며, 이는 시민이 지역뿐만 아니라 국가 차원에서 공공 서비스 실행에 대한 통제권을 가지는 상황 속에서 이루어져야 한다. 그러나 안타깝게도 이러한 이상적인 선순환은 현실에서 온전히 구현된 적이 없다. 사회연대경제는 대부분 결함이 있는 체제를 보조하는 역할에 머무르며, 체제가 번영을 되찾게 되면 그 필요성도 사라지기 때문이다. 그 결과 사회연대경제의 상호보완성이 대안적 체제로 자리 잡기 위한 시간이 확보되지 않는다.

게다가 사회에 대한 인식과 이데올로기는 여전히 공공선과 연대의 논리가 아니라 이익과 개인주의의 논리에 지배되고 있다. 이는 한 체제에서 다른 체제로 전환하는 데 또 다른 장애 요인이다.

끊임없이 진화하는 부문

사회연대경제가 독자적인 사회경제체제로 자리 잡는 데 구조적인 장애물이 존재한다고 해서, 그 주요한 장점 중 하나인 놀라운 대응력과 적응력을 간과해서는 안된다. 이는 진화론적이고 역사적인 접근을 통해 확인할 수 있다.

사실 오늘날 연대의 영역은 초기와는 상당히 달라져 있다. 앞서 언급했듯이, 초기의 연대 활동은 자본주의의 성장과 그로 인한 축적 및 반복되는 위기로 인해 야기된 불안정성과 불확실성에 대한 대응으로 등장했다. 이러한 배경에서 소비협동조합, 상호신용협동조합, 그리고 초기의 의료 보험 형태가 생겨났다. 시간이 흐르면서 사회적 투쟁이 점차 확대되었고, 그 결과 이전에는 수많은 비영리단체, 공제조합, 그리고 일부 협동조합이 담당하던 사회 보장이 국가에 의해 공식적으로 인정받게 되었다. 어떤 의미에서 사회국가Etat social란 바로 사회적경제의 연대 원칙을 국가가 수용한 결과라 할 수 있다.[38]

제2차 세계대전 이후의 독특한 체제는 1970년대부터 위기에 접어들

---

38 Christophe Ramaux, *L'État social. Pour sortir du chaos néolibéral*, Fayard/Mille et une nuits, 2012.

기 시작했다. 이는 사회 보장 비용을 통제하려는 시도와 함께 새로운 위험이 대두되는 상황을 초래했다. 이러한 변화에 대응하여 새로운 세대의 사회연대경제 주체들이 등장했으며, 이들은 사회적 배제에 맞선 투쟁, 고용을 통한 통합, 지역수준의 교환 시스템 확산, 생태 위기에 대응하는 순환 경제 등과 같은 새로운 요구에 부응하고자 노력하고 있다. 이처럼 두 세기에 걸쳐 사회연대경제의 핵심과 조직 형태는 완전히 변했다. 앞서 언급했듯이, 사회연대경제는 지속적으로 새로워지는 사회적 혁신의 모태이다. 따라서 사회연대경제는 미래에도 계속될 것이며, 이는 사회연대경제가 과거에 보여준 놀라운 회복력과 특정 사회적 관계를 변화시키는 능력 덕분이다. 이로써 앞서 다소 비관적으로 흐른 논조를 어느 정도 전환할 수 있을 것이다.

역사는 반복될 운명에 처한 것일까, 아니면 지난 20년 동안 현대 경제에서 나타난 다양한 변화가 사회연대경제의 황금기를 열어줄 것인가?

제7장

금융, 보건 및 환경 위기에 대한 사회연대경제의 대응

사회연대경제의 위기 대응능력을 이해하려면, 조절이론의 핵심 분석틀 중 하나를 다시 살펴보는 것이 중요하다. 임노동관계와 국가/경제 관계의 장기적 변화에서 사회연대경제는 어떤 위치를 차지하고 있는가?

플랫폼 기반 초국적 자본주의의 강력한 부상으로 국경이 무의미해지고 있는 상황을 고려할 필요가 있지 않을까? 이는 사회연대경제 창시자들이 추구했던 지역주의 및 연대주의의 완전한 대척점이라 할 수 있다. 제도주의 이론의 최근 발전 성과는 사회연대경제 확립을 위한 새로운 논거와 혁신적 전략을 제공할 수 있을까?

연이은 세계 금융 위기와 팬데믹이 규제 완화, 금융화, 그리고 세계화의 효용성에 대한 의문을 제기하는 새로운 시대를 여는 것은 아닐까?

기업은 여전히 노동과 자본 간의 주요 갈등이 발생하는 장소인가? 아니면 국가와 시민 간의 관계가 결정적인 요인이 되었으며, 이로 인해 민주주의와 연대주의의 관계에 관한 새로운 질문이 제기되고 있는가?

이것이 바로 우리가 중요하게 다루어야 할 질문들이다.

임노동관계, 국가, 그리고 사회연대경제 간의 관계에 대한 역사적 고찰

사회적경제라는 용어는 역사를 거치면서 그 의미와 내용이 크게 달라질 수 있다.[39] 19세기 초반에는 산업화 과정의 폭력성, 그리고 임노동관계의 확산에 따른 의존성과 불안정이 새로운 형태의 연대에 대한 요구를 불러일으켰다. 이에 따라 소비와 신용, 나아가 공통의 이익 보호 등의 부문에서 다양한 비영리단체의 네트워크가 발전하기 시작했다. 19세기 중반부터는 임노동관계의 종속성에 맞서는 생산협동조합 형태가 나타나기 시작했다. 또한 삶의 다양한 위험에 대한 보장을 위한 공제조합이 생겨났으며, 이는 또 다른 연대의 형태로 자리잡았다.

19세기 초반과 중반의 사회적경제는 해당 시기의 사회적, 정치적, 경제적 또는 금융 위기에 대한 대응이었다는 점을 강조할 필요가 있다. 19세기 말에서 제2차 세계 대전까지 이어지는 세 번째 시기에는 사회적 보호 문제가 중심이 되면서 사회보장prévoyance이 사회적경제의 주요 목표 중 하나로 부상했다. 그리고 이 시기에 처음으로 사회적경제 부문이 사회 영역에서 공공 개입을 대체하거나 보완하는 역할을 하기 시작했다.부록 〈표 8〉 참고

---

39 Danièle Demoustier, L'histoire de l'ESS à travers le prisme de la théorie de la régulation, présentation au colloque international Recherche et régulation, 10-12 juin 2015.

제2차 세계대전은 여러 측면에서 전환점이 되었다. 먼저 여성노동자 등장이라는 새로운 변화가 있었다. 다음으로 임금 노동과 자원봉사가 구분되기 시작했다. 또한 고용을 지원하는 공공정책의 역할이 확대되었으며, 마지막으로 기업을 운영하게 된 일부 노동자 협동조합과 비영리단체가 민간과 공공의 중간 역할을 하는 매개체로 부상했다.

'제3섹터'라는 개념은 혼합 경제의 이 단계에 해당하는데, 이 단계에서 공공부문의 규제와 시장경쟁 메커니즘의 활용은 상호 모순적이기보다는 오히려 보완적이다. 그러나 사회보장에는 여전히 빈틈이 존재하며, 사회적경제의 혁신은 공공과 민간 관계의 균형을 보완하는 역할을 한다. 사회연대경제는 주로 특정 지역이나 부문에서 자발성과 연대를 최우선 목표로 하는 원칙에 기반을 둔다. 유럽에서는 제2차 세계대전 이후 앵글로색슨 쪽 연구에 의해 복지 자본주의welfare capitalism라고 불리는 독창적인 자본주의 형태가 등장했다. 사회적 투쟁은 끊임없이 산업재해, 질병, 실업 등과 관련된 위험에 대한 보장을 요구해왔으며, 이러한 요구는 광범위한 사회보장 체계로 실현되었다. 이 체계의 재정은 성장의 역동성과 안정성에 의해 뒷받침되었다.

포디즘이라 불리는 이 체제가 위기에 직면하면서 사회적경제는 새로운 국면을 맞이했다. 취업을 통한 사회통합 문제가 점점 더 중요해지면서, 각 부문과 지역의 고용 상황에 맞춘 정책이 필요하게 되었다. 사회연대경제도 이러한 역할을 수행하게 된다. 그 결과 비영리단체들은 점점 더 전문화되었고, 공공당국으로부터 보조금을 지원받아 일반적인 고용 정책으로는 수행하기 어려운 역할을 담당했다. 다시 한번, 사회연대경제는 포디즘 성장체제의 붕괴와 대안체제의 모색 과정에서 완충장치로 기능했다. 제3섹터 개념이 핵심적인 위치를 차지하게 되었고, 국가의 고용 정책에서 사회연대경제가 담당해야 할 역할을 구체적으로 명시하는 공식 보고서들이 발표되기에 이르렀다.[40]

긴 역사 속에서 전면적 국가 통제의 시도와 시장의 자율 규제에 대한 기대 사이를 오가는 반복이 관찰되는데, 제3섹터가 이 같은 반복을 피할 수 있는 지렛대 중 하나가 될 수 있다는 생각이 조심스럽게 제기되고 있다. 하지만 여전히 의문이 남는다. 사회연대경제 프로젝트는 자본주의와 국제 체제 변화와 조화를 이루고 있는가?

사회연대경제는 지속되는 역사적 시대 속에 자리 잡고 있지만, 결코 동일한 형태로 재생산되지는 않는다. 이는 각각의 국면에는 고유한 특수성이 있으며, 이에 따라 일련의 특수한 과제들에 대응하는 것이 중요하기 때문이다.부록 〈표 9〉 참고

---

40 Alain Lipietz, *Pour le tiers-secteur. L'économie sociale et solidaire : pourquoi, comment,* La Découverte/La Documentation française, 2001.

플랫폼 기반 초국적 자본주의에 맞서는 사회연대경제
: 계란으로 바위 치기?

플랫폼 자본주의는 정보 전송 및 처리 기술에 대한 투자에서 비롯된 규모의 경제를 활용한다. 이는 더 이상 국가적 수준이 아니라 세계적 수준에서 나타나는 과점적 권력을 확보하는 원천이다. 이에 반해 국가는 교육, 공중보건, 연구, 인프라 등 공공당국이 활용할 수 있는 수단을 통해서만 국내 성장을 촉진할 수 있다. 이러한 수단은 국가의 경계를 넘지 않는다.

한편 사회연대경제는 규모의 경제를 동원하는 데 많은 어려움을 겪는다. 여러 차례 강조했듯이, 연대의 원칙에 따른 한계가 있기 때문이다. 사회연대경제는 끊임없이 조직적 혁신을 창출하는 반면, 기술혁신은 필수적으로 사회연대경제의 강점이 되지는 않는다.

경쟁력 강화라는 목표가 지배하는 세계에서 국가는 생산성의 원동력인 혁신과 생활 방식 변화의 촉진자로 변모하는 경향이 있다. 실제로 대부분의 현대 정부는 사회적 혁신보다 첨단기술의 획기적 발전에 더 민감한데, 이는 기술혁신이 국가 간 경제 경쟁에서 결정적인 역할을 하기 때문이다. 이러한 맥락에서 사회연대경제는 경쟁의 격화, 나아가 과잉경쟁으로 인한 사회적 비용을 완화하는 처방으로 인식되고 있다.

세계화된 경제의 지속가능성에 관해서, 대부분의 후발 국가들은 다국적 기업과 글로벌 금융의 요구에 적응해야 한다. 반면 이에 따른 체제의 사회적 수용 가능성은 특정 사회 집단의 불만이 도심과 수도의 거리에서 강력하게 표출될 때에만 문제로 인식된다. 이를 통해 사회적 문제에 대한 우려가 경제적 효율성에 대한 우려에 비해 부차적인 역할을 하고 있음을 확인할 수 있다.

시장에서 볼 수 있는 기회주의적 행동은 신뢰 구축을 어렵게 만든다. 정보 비대칭성으로 인해, 그리고 시장 권력이 규제 및 기준에 영향을 미칠 수 있는 능력으로 전환되는 과정을 지켜보며 대중은 경제적 이익이 보편적 이익과는 거리가 멀다는 의심을 하게 된다. 이 점에서 사회연대경제는 매우 의미있고 매력적이다. 사회연대경제는 호혜의 원칙과 공동체의 감시 아래 행동이 이루어진다는 원칙으로 구성원 사이의 신뢰를 지속적으로 유지하기 때문이다. 신뢰 구축과 유지에서 사회연대경제의 우위는 초국적 자본주의의 수용성과 정당성에 영향을 미치는데, 초국적 자본주의는 호모 에코노미쿠스만이 고려할 가치가 있는 인간의 유일한 구성요소라는 전제를 바탕으로 한다.

국가, 시장, 또는 사회연대경제 중 어떤 것이 구조적 위기에 가장 효과적으로 대응할 수 있을까? 일반적으로 금융 투기는 그 한계에 부딪히며 급격한 경기변동을 유발하는데, 이는 2008년의 금융 위기 사례에서 명확히 드러난다. 따라서 집단적 행동에 기반을 두고 있는 다른 두 가지 조정 방식, 즉 국가와 시민사회의 역할이 중요해진다. 지역 또는 부문 차원에서 비영리단체와 협동조합은 경제위기의 가장 부정적인 결과를 완화하는 유용한 역할을 한다. 그러나 위기가 구조적 위기로 전환되면, 연대는 지역 수준을 넘어 국가 전체로 확대되어야 한다. 이때 각국의 국가 기구가 이를 이어받아 사회적 유대가 붕괴되는 것을 막기 위해 노력하며, 특히 비영리단체들의 지원을 받는다.[41] COVID-19 팬데믹은 대규모 위기에 따른 사회적 균열을 복구하는 능력에 있어서 이러한 위계구조가 존재하는 것을 다시금 확인시켰다.

요약하자면, 초국적 자본주의는 대부분의 사회에 역동성을 부여하지만, 이는 국가와 사회연대경제가 극복해야 하는 심각한 위기를 초래할 수 있다. 그러나 국가와 사회연대경제는 자본주의 전반을 변화시키는 주요 흐름을 주도하기에는 여전히 역부족이다. 이는 다시 한 번 사회연대경제의 종속적 특징을 드러낸다. 사회연대경제의 이상이 위기 극복의 주요 동력이 되지 못하고 있는 것이다.[42] 이것은 지적 또는 이념적 문제인가, 즉 학문적 및 정치적 영역에서의 논거 부족 때문인가 하는 질문이 제기된다.

---

41 Jean-Louis Laville, L'association comme lien social, *Connexions*, n° 77, 2002, p.43-54.
42 Gabriel Colletis et Danièle Demoustier, L'économie sociale et solidaire face à la crise: simple résistance ou participation au changement ?, *Recma*, n° 325, 2012, p.21-35.

사회연대경제의 주체들은 사회경제학 연구의 성과를 동원할 수 있을까?

이 책의 분석은 여러 차례에 걸쳐 아이디어, 인식, 그리고 이데올로기가 경제 활동을 이끄는 조직 형태와 제도를 정당화하는 데 중요한 역할을 한다는 점을 강조해왔다. '보이지 않는 손' 가설환상이라고까지는 얘기하지 않겠지만을 영속시키는 정당화에 대적할만한 강력한 논리를 현대 연구의 성과에서 찾을 수 있을까? 주류경제학 이론가들에게 보이지 않는 손이라는 은유는 시장이 경제 활동을 조정하는 메커니즘 중에서 가장 덜 비효율적이라고 주장하는 데는 유용하지만, 이를 입증하는 데까지는 이르지 못한다. 그렇다면 이에 대해 사회연대경제는 어떤 대답을 할 수 있을까?부록 〈표 10〉 참고

국가와 시장 사이의 전통적인 대립 구도가 사회를 조직화하는 방식에 대한 입장을 결정하는 데 더 이상 충분하지 않다는 점은 주목할 만하다. 1990년 이후, 소련식 체제의 붕괴는 전면적 국가 통제에 의존하는 체제가 장기적으로 지속가능한 경제체제가 아님을 보여주었다. 대조적으로 2008년 대규모 금융 위기는 전적으로 시장에 의존하는 체제의 장점에 대한 재평가를 촉발시켰고, 이는 2020년의 팬데믹으로 더욱 강화되었다. 이념적 그리고 정치적 선택을 넘어, 국가는 이제 극단적인 불확실성에 대응하여 방향을 설정하는 책임을 지게 되었는데, 어떤 민간 주체도 이 불확실성을 해소할 수 없다.

그러나 COVID-19 대응 계획에 대한 사회적 수용성이 핵심 변수가 되었다는 점은 분명하다. 여기에서 우리는 시민사회의 중요성을 다시 한번 확인할 수 있다. 시민사회에서는 비시장적이고 비정부적인 조직들이 국가와 시장이라는 두 가지 조정 기제가 보장하지 못하는 협력과 연대를 실현하고 있다. 앞서 언급했듯이, 사회연대경제는 입법자들이 전통적으로 사용해온 표현을 빌리자면, "제3섹터"의 근간이 되는 원칙으로 자리 잡게 된다.

그런데 문제는 시민사회가 너무 자주 다른 제도적 장치의 약점을 보완하는 존재로만 정의된다는 데 있다. 이는 영국 블레어 정부의 프로젝트에서도 잘 드러난다. 블레어주의는 시민사회에 최대한 많은 책임을 위임함으로써 국가의 사회적 책임을 축소하는 것을 목표로 했다. 이 정치적 프로그램이 실행되자, 불평등은 심화되었고, 공공 서비스, 보건, 그리고 인프라에 대한 투자가 부족해졌다. 결국 20년 후에는 국가의 역할이 다시 강화되는 상황을 초래했다.

공유재이론은 경제의 핵심 문제에 바로 접근하므로 더욱 구체적이다. 즉, 개인 전략 간 상호의존성이 존재하는 상황에서 희소한 자원을 어떻게 관리할 것인가하는 문제를 다루는데, 시장 메커니즘을 통해서는 이를 해결할 수 없다. 이러한 문제의식의 강점은 행위자 스스로 실험과 협상의 과정을 통해 참여자 모두를 만족시키는 결과를 보장하는 게임의 규칙을 점진적으로 만들어낸다는 점을 강조한다는 데 있다.

공공재이론la théorie des bien publics에 따르면, 공유재이론la théorie des communs이 제시하는 모델은 지역 차원의 희소 자원 관리에는 매우 적합하지만, 조정의 범위가 확장될수록 적용하기가 점점 더 어려워진다. 공유재 지지자들이 기후나 안전과 같은 문제에서 글로벌 공유재를 옹호할 수는 있지만, 이를 관리할 수 있는 초국가적 조직을 출현시키기 위한 사회적 네트워크를 구축하는 데까지는 이르지 못한다. COVID-19 백신 분배를 공동관리하려는 과정에서 겪은 엄청난 어려움은 공유재 개념의 한계를 보여주는 대표적 사례이다. 반면 무상 소프트웨어free software는 전 세계에 존재하는 기여자들의 자발적 참여로 공유재 개념이 성공적으로 구현된 사례다. 이 두 사례의 차이는 공유재를 추구하는 방식이 강제적인가 아니면 자발적인가에 따라 발생한 것이다.

사회학과 비주류 노동경제학은 노동 부문에서 협력의 중요성을 지지하는 많은 논거를 이미 발전시켜왔다. 예컨대 효율임금이론은 적절한 보수가 노동력의 안정화와 생산성 향상에 기여한다는 점을 보여준다. 그런데 노동시장의 규제 완화 조치가 지속됨에 따라, 경쟁 압력이 노동 조건을 악화시키고 노동자의 동기를 약화시키는 결과로 이어졌다. 이에 비해, 예를 들어 참여형협동조합기업의 조합원 우선 원칙은 임노동관계의 다양한 요소 사이의 균형을 더 잘 보장한다. 이러한 특징은 논리적으로는 임금노동자보다는 협동조합원의 지위를 선호하는 이들이 노동시장으로 새롭게 진입하는 흐름을 촉진할 가능성을 보여준다. 그러나 이미 여러 차례 지적했듯이, 사회연대경제는 대안적인 체제를 창출하기보다는 기존 사회경제체제의 구조적 약점에 대한 대응으로 나타나는 경향이 있다는 어려움이 여전히 존재한다.

회사법은 자본 제공자의 소유권과 책임 문제뿐만 아니라, 노동자의 권리 보장 측면에서도 끊임없이 분화되어 왔다. 영미권에서는 일반적으로 주주만이 주식회사의 경영에 관해 발언권을 가진다는 것이 널리 받아들여지지만, 유럽에서는 그렇지 않다. 대표적인 예로 독일의 공동결정제도를 들 수 있다. 이 제도에서 노동자는 기업의 다양한 층위에서 의사결정에 참여하는데, 기업 수준에서는 감독이사회를 통해 이루어지며, 작업장 수준에서는 노동자대표위원회를 통해 이루어진다. 이러한 구조는 다양한 이해관계자의 이익을 균형 있게 조율할 수 있도록 한다. 어떤 면에서 이러한 참여방식은 전형적인 자본주의 기업과 협동조합 형태 사이의 중간 지점에 위치한다고 볼 수 있다.

노동자의 공동책임이 경제적 성과에 부정적인 영향을 미치지 않는다는 사실이 경험적으로 입증된 만큼 연대와 협력에 대한 지지는 더욱 강화되어야 한다. 그러나 이를 위해서는 조세 제도에서 전통적인 기업이나, 특히 협동조합보다 대규모 주식회사가 우대되지 않아야 한다. 이는 사회연대경제를 지원하기 위한 공적 보조금의 필요성 문제와도 연결된다. 협동조합 경제가 자본주의 경제를 능가하며, 순수한 경쟁 메커니즘 하에서도 스스로 자리 잡게 되는 것을 상상할 수 있을까? 역사적으로 볼 때, 이러한 가설이 입증된 적이 거의 없다.

1970년대에 주목받았으나, 이후 거의 잊혀진 이론을 다시 주목할 필요가 있다. 공유경제는 창출된 부가가치를 분배하는 원칙에 기반을 둘 수 있다. 노동자는 기본급여와 더불어 명시적으로 이윤도 분배 받는다. 이를 통해 자본과 노동 간의 갈등이 완화된다. 뿐만 아니라, 자본주의 경제에서 실업이 필수적인 조정 장치로 작용하는 것과 달리, 간단한 이론적 공식화를 통해 완전 고용이 규칙으로 자리 잡게 된다. 이러한 체제를 여전히 자본주의 경제로 분류 할 수 있는지, 아니면 독창적인 보상 원칙에 기반을 둔 협동조합 형태로 봐야할지에 대한 의문이 제기될 수 있다. 이론적 예측과 실제 관찰된 사례 사이에는 상당한 괴리가 존재한다. 현재까지 이윤 공유와 노동자 성과급 제도는 거시경제적 역동성을 견인할 만큼 충분한 공간을 확보하지 못했다.

네트워크 이론은 사회적 유대가 형성되는 메커니즘을 설명하는 데 유용하다. 이 관점에서 사회연대경제의 다양한 조직 간 협력이 나머지 경제 영역으로부터 상대적으로 자율적인 영역을 형성할 수 있는지 탐구할 필요가 있다. 관련 문헌을 살펴보면, 국제적 수준의 시도를 포함해 협동조합 운동 사이의 조정을 시도한 다양한 사례를 확인할 수 있다. 그러나 이러한 연관관계의 밀도는 자본 제공자들이 다수의 상호 투자를 통해 형성한 관계의 밀도와는 비교가 되지 않는다. 금융시장의 고도화로 소유관계가 신속하게 재편될 수 있었고, 이는 과거의 대기업 집단을 연상시키는 구조를 형성하는 데까지 나아간다.

사회연대경제가 정치와 경제의 경계에 위치해 있다는 점에서, 기업 내에 양원제 정치 체제와 같은 권력 통제 시스템을 도입할 순 없을까?[43] 이를 통해 기업의 전략뿐만 아니라 경영 자체가 자본을 제공하는 집단과 노동력을 제공하는 집단, 즉 노동자 집단의 동시 승인을 받도록 할 수 있을 것이다.

이러한 시스템은 두 가지 관점에서 해석될 수 있다. 하나는 이를 협동조합과 자본 중심 기업의 융합으로 보는 것이며, 다른 하나는 노동자 집단에 부여된 거부권을 통해 자본주의와는 전혀 다른 체제로 정의하는 것이다. 첫 번째 경우라면, 기업 내에서 자본이 여전히 노동보다 우위에 있는 구조와 양립할 수 있으므로 이는 실현 가능한 변화로 간주될 수 있다. 반면 두 번째 경우는 생산양식의 역사에서 혁명적인 전환이 될 것이다. 이러한 제안을 독일 대기업에서 실제로 시행되고 있는 공동결정제도와 비교해 보면, 문제의 복잡성이 드러난다. 독일의 공동결정제도에서는 표결 결과가 동수일 때 자본 측의 대표가 결정권을 갖는다.

다양한 패러다임이 공동결정제에 적용되고 있지만, 안타깝게도 사

---

43 Isabelle Ferreras, *Firms as political entities. Saving democracy through economic bicameralism*, Cambridge University Press, 2017.

회연대경제에 확실한 정당성을 부여할 결정적인 논거는 아직 마련되지 않았다. 하지만 신자유주의 정책의 과잉으로 인한 반복적인 위기가 사회연대경제를 지지하는 이들에게 가장 강력한 논거가 될 수 있지 않을까?

2020년 팬데믹은 2008년 위기만큼 사회연대경제에 유리하지 않았다

그러나 모든 위기가 동일한 것은 아니다. 위기의 기원과 전개 과정은 상당히 다를 수 있다. 결정적인 것은 생산 감소 규모가 아니라, 경제가 직면한 어려움의 본질이다. 그 본질은 금융 및 경제적인 것일 수도 있고 보건과 관련된 것일 수도 있다.

사회연대경제의 조직 형태도 서로 다르고 이들이 경제에 통합되는 방식도 각기 다르다. 이에 따라 사회연대경제 조직들이 경기변동에 노출되는 정도도 달라지고 분석이 더욱 복잡해진다.

산업 부문뿐만 아니라 숙박 및 음식점업 부문 및 문화 부문의 협동조합은 전반적인 경기 상황에 매우 민감하다. 실제로 이들은 경제 전체에서 차지하는 비중이 작아서 대다수 기업이 이윤 추구를 중심으로 운영되면서 발생하는 축적의 변동성을 극복할 수 있는 역량을 갖추지 못하고 있다.

반면 건강, 고용을 통한 사회통합, 교육 등의 부문에서 활동하는 비영리단체는 '경기역행적' 성격을 지닌다. 이는 시장경제의 전형적인 위기 상황에서, 연대에 기반을 둔 이들의 논리가 민간 부문의 조정 흐름과는 반대 방향으로 작용할 수 있기 때문이다.

한편 재단은 약간 다른 논리, 즉 자선 활동의 논리를 따른다. 특히 큰 성공을 거두어 막대한 부를 축적한 기업가와 기업이 그 부의 일부를 공익을 위한 활동에 할애할 필요성을 느끼는 것이다. 이러한 경향은 보통 세제 혜택을 통해 더욱 장려된다. 부의 집중이 심화될수록 이러한 현상은 더욱 두드러지며, 미국과 유럽 간 비교를 통해서도 이를 확인할 수 있다. 재단의 주요 활동 부문은 예술과 보건 부문이지만, 사회적으로 소외된 이들이 성공적으로 직업 경로에 진입할 수 있도록 지원하는 다양한 프로그램도 주목할 만하다.

공제조합은 또 다른 유형의 압력에 직면하고 있다. 이들은 새로운 위험에 대응해야 하는 동시에 연대의 원칙을 유지해야 하는 것이다. 이 점에서 공제조합은 민간 보험회사와 구별된다.

이에 따라 동일한 거시경제적 상황이 상반된 효과를 미치게 된다. 1차 팬데믹 파도에 대응하는 과정에서 협동조합의 수는 거의 변하지 않은 반면, 비영리단체는 대규모로 고용이 축소되었고, 재단은 소규모이긴 하지만 새로운 인력을 채용했다. 연대 또는 지역적 호혜라는 동일한 원칙 아래 다양한 방식으로 경제 활동에 참여하는 특정 조직이 공존하고 있다. 이러한 다양성을 회복력의 한 구성 요소로 볼 수 있다. 하지만 각 사회연대경제 부문이 금융 또는 보건 위기 동안 모두 번성하는 것은 아니다. 또한 한 시기에서 다른 시기로 이어지는 어떤 경향에 따라 특정 사회연대경제의 경제 활동 점유율이 점진적으로 확대되는 것을 보장하는 내재적 메커니즘도 존재하지 않는다. 한편 사회연대경제와 나머지 민간 부문이 매우 유사한 변화를 겪는다는 점도 주목할 만하다. 이는 아마도 비영리단체, 협동조합, 공제조합, 재단이 대부분의 경제 부문을 포괄하기 때문일 것이다.부록 〈표 11〉 참고

사회연대경제의 다양한 주체들의 상황을 종합해 보면, 2008년 금융위기와 그 뒤를 이은 경제위기로 전형적인 민간경제의 고용은 정체되거나 약간 감소한 반면, 사회연대경제는 성장했음을 확인할 수 있다. 그러나 이 추세는 지속되지 못하고, 민간경제가 회복하기 시작하면서 사회연대경제의 고용 규모는 정체된다. 이를 통해 사회연대경제가 민간경제에서 발생한 축적에 의해 주도되는 거시경제적 역동성에 종속되어 있음을 다시 한 번 확인할 수 있다. 더욱이 중장기적으로 사회연대경제가 전체 경제에서 차지하는 비중이 10%를 넘는 경우는 매우 드물다. 따라서 사회연대경제에 체제 변화를 일으킬 수 있는 능력을 기대하기는 어렵다. 이미 이 책의 이전 장에서 이러한 구조적 종속성을 결정짓는 요인을 상세히 분석한 바 있다.

팬데믹은 영리 부문과 비영리 부문 모두에 타격을 주었다

경제 전반에 영향을 미치는 충격에 직면했을 때, 기업의 법적 지위는 상대적으로 중요하지 않으며, 오히려 기업이 속한 산업 부문이 더 중요하다. 2020년 사례에서도 이를 확인할 수 있는데, 영리 부문과 사회연대경제 부문 모두에서 고용 감소가 거의 동일한 수준으로 나타났다.

실제로 사회연대경제의 전체 고용의 변화는 부문별로 서로 상반된 결과로 나타난다. 숙박 및 음식점업, 예술 및 공연 부문에서는 고용이 크게 감소했으며, 스포츠와 여가 부문에서도 감소했지만 그 정도는 비교적 작았다. 반면 봉쇄 조치는 주거의 성격과 위치를 재고해야 할 필요성을 일깨움으로써 부동산 관련 부문의 급속한 성장을 이끌었다. 이와 같이 기업이 속한 산업 부문이 법적 지위보다 더 중요한 요소라는 것이 드러났다. 경제적 충격의 규모에 비해 법적 특수성의 영향은 미미했던 것이다.부록〈표 12〉참고

규제 완화는 시민과 공공행정 간의 갈등을 증폭시키는 결과를 낳는다

역사적으로 사회연대경제는 임노동관계 내의 긴장과 노동 갈등 및 사회 보장에 대한 국가 개입 사이에서 끊임없이 진화해 왔다. 본질적으로 사회연대경제의 기치는 생산 조직에서 자율성을 요구하는 것이다. 그러나 주목할 점은 가장 두드러진 갈등이 더 이상 기업 내 파업이 아니라, 국가를 대상으로 하는 구매력 보장을 위한 항의로 나타나고

있다는 점이다. 반면 노사 갈등은 공공 부문, 특히 보건 부문에서 점점 더 증가하고 있으며, 이로 인해 전국 단위의 노사협상에서 국가가 중요한 역할을 맡게 된다.

이러한 맥락에서 프랑스 '노란 조끼' 운동은 대표적인 사례이다. 도로 차량 제한 속도 하향 조정과 유류세 인상이 생활 수준에 대한 압박을 가중했다. 특히 도시화로 인해 저소득 가구가 도심과 일자리가 있는 장소로부터 점점 더 먼 곳에 거주하게 되면서, 임금으로 교통비를 포함한 기본적인 필요를 충족시키기 어려워졌다. 그러나 근본적으로는 취약계층(불안정 고용 노동자, 은퇴자, 소외된 자)의 구매력이 정체된 가운데, 주거비, 공공요금, 전기요금, 교통비 등 필수 지출 비용이 증가한 것이 노란 조끼 운동으로 대표되는 사회적 폭발의 근원이었다. 주목할 점은 이 시위에서 기업의 임금 정책은 비판의 대상이 되지 않았다는 것이다. 오히려 증가한 세금 부담과 일상적으로 이용하는 공공서비스의 축소가 정치권력과 국가를 향한 항의의 주요 대상이었다. 이처럼 사회적 투쟁은 임노동관계보다는 시민과 국가 간의 관계에 더 초점을 맞추게 되었다.

이 현상은 장기적인 추세의 일부로 볼 수 있다. 자본과 노동 간 투쟁은 점차 시민과 정부 간 갈등으로 전환되고 있다. 프랑스 생산시스템의 경쟁력 상실에 대응하기 위해 지난 20년 넘게 프랑스 정부는 좌우를 막론하고 저임금 노동에 대해 사회보장 분담금을 감면하는 정책을 시행했다. 그런데 이러한 감면 정책은 재정 적자를 초래했는데, 자본에 대한 세금 또한 점차 낮아지면서 이를 보충할 수 없게 되었다. 이에 대응하기 위해 정부가 사용한 조정 변수 중 하나는 농촌 지역의 일부 공공서비스를 폐쇄하는 것이었다. 이로 인해 노란 조끼 운동이 대변하는 바로 그 계층에 불리하게 작용한 조세 및 예산 정책의 불공정성에 관심이 집중되었다. 게다가 노동조합이 그 영향력을 상실함에 따라 노동자의 협상력이 약화되었다. 노동자는 점점 더 개별화되고 낮은 숙련도로도 충분한 생산 부문을 해외로 이전할 수 있는 기업의 권력에 비해 점점 더 무력해졌다.

이에 따라 재취업 지원 관리 또는 자원봉사에 기반을 둔 지역 사회 서비스의 재조직화 등이 사회연대경제의 새로운 분야로 부상했다. 결국 사회연대경제는 신자유주의가 사회적 취약계층에 미치는 부정적 영향을 상쇄하는 역할을 맡고 있다.

한편 팬데믹은 국가의 중심적 역할을 부각했는데, 이는 에너지나 식품이 부족하게 될 가능성에 대한 우려로 더욱 강화되었다. 팬데믹 동안의 저투자로 인해 가격이 폭등할 것을 고려하여 대부분의 정부는 보조금이나 사회적 지원을 통해 구매력 감소를 보완하려 하고 있다. 이에 따라 임금 요소의 중요성은 감소하고 그 일부가 시민 소득에 해당하는 지원으로 대체되고 있다. 이는 대안적 경제체제의 주요 구성요소 중 하나로서의 사회연대경제의 매력을 약화시키는 요인이 되고 있다.

시스템적 과제에 직면한 상황에서 국가 중심성의 귀환

이러한 구조적 약점은 현대 사회가 직면한 위기와 도전에 의해 더욱 두드러진다.

노동 소득으로 생활하는 시민과 주식시장의 상승세 덕분에 재산을 증식하는 시민 간의 불평등 문제는 사회연대경제에서 추구하는 지역적 호혜로는 해결될 수 없다. 이 문제는 소득과 재산에 대한 누진 과세와 더불어 교육, 건강, 직업 훈련, 그리고 문화를 포함한 공공서비스에 대한 접근의 완전한 민주화를 통해 해결되어야 한다. 이 모든 영역에서 국가는 전국적 차원의 연대를 실현하는 주요 매개체로 작용한다.

반복되는 금융 및 경제위기는 사회적 유대를 위협한다. 지역 차원의 연대 조직이 극심한 빈곤과 소외를 일시적으로 방지할 수는 있다. 그러나 역사를 통해 통화 및 재정 질서의 회복이 결정적인 역할을 수행했다는 사실을 알 수 있다. 이 과정에서 경제 침체기 한가운데에서 나타났던 특정 사회연대경제의 혁신이 쇠퇴하기도 한다. 사회연대경제는 자본주의 경제의 불균형을 조정하는 역할을 하지만, 부차적 대안으로 여겨진다. 위기에서 벗어나려면 자본과 노동, 채권자와 채무자, 시민과 정부 간에 제도화된 타협이 필요하며, 국가는 그 중재자이자 보증인 역할을 한다. 사회연대경제 주체들은 사회적 혁신을 통해 이 과정에 참여하지만, 사회 전체의 새로운 규칙을 정할 권한을 갖지는 못한다.

팬데믹 재발 가능성으로 인해 공중보건이 최우선 과제로 부상했다. 정의상 팬데믹은 세계 공동체 전체가 직면하는 위기다. 따라서 해결책은 병원체 작용원리의 추적과 연구, 그리고 공중보건 프로그램에 대한 재정 지원, 백신 또는 치료제 생산의 조정 등과 같은 전략을 국제적 차원에서 조직하는 데 달려 있다. 인간의 기본적인 필요를 충족시키는 것을 목표로 하는 비영리 병원이나 돌봄센터와 같은 사회연대경제 조직은 이러한 노력에 유용하게 기여할 수 있다. 하지만 이들은 세계적 차원의 효율적인 조정 기제의 출현을 막는 장애물을 극복하지는 못한다.

기후 변화 대응과 생태 전환을 위한 노력은 이미 지역활동 수준에서 이루어지고 있으며, 특히 지방정부가 중요한 역할을 하고 있다. 이들은 지속 가능한 이동수단이나 건물의 에너지 효율 개선과 같은 분야에서 사회연대경제와 협력하여 활동할 수 있다. 또한 사회연대경제는 환경 피해를 최소화하는 순환경제의 구축이나 유기농업의 도입에 기여할 수 있다. 그러나 기후 변화에 대한 의미있는 행동은 국가, 기업, 시민, 비정부기구 등이 참여하는 다양한 전략의 조정을 통해서만 이루어질 수 있다. 사회연대경제는 세계적 차원에서 이상적으로 작동해야 하는 프로그램의 지역적 구현 방식으로 나타난다는 것을 다시 한번 확인할 수 있다.

생물다양성과 관련해서도 거의 비슷한 문제가 발견된다. 시민의 지역적 이니셔티브가 중요하긴 하지만, 이는 많은 동식물 종의 멸종을 초래하는 구조적 요인을 차단하기 위한 조치를 보완하는 역할을 한다. 환경 보호를 위한 글로벌 프로그램에서 활동가들이 헌신적으로 참여할 수 있는 장을 제공하는 사회연대경제 주체는 중요한 참여자이긴 하지만, 근본적인 해결책을 갖고 있지는 않다.

이처럼 이른바 "세계화"라는 과정은 사실상 서로 다른 사회체제 간 상호 의존성이 심화되고 강화되는 과정이다. 이제는 국가적 차원과 지역 차원 간의 조정보다 세계적 차원과 국가적 차원 간의 조정이 더 중요해지고 있다. 그러나 사회연대경제의 호혜 및 연대 원칙이 지닌 한정된 범위로 인해, 이 제3섹터는 향후 수십 년의 가장 중요한 문제들을 단독으로 해결할 수 없다. 핵심 과제는 오히려 국제적 조정의 밀도를 높이고, 나아가 국제적 개방성, 금융 안정성, 보건, 안전과 같은 세계적 공공재를 보호하기 위한 새로운 국제기구를 설립하는 것이다.

제8장

21세기 사회경제체제에서 연대의 자리

지금까지의 논의를 통해 사회연대경제의 출현, 그 장점과 한계, 이를 관통해 온 과정과 긴장, 그리고 사회적 혁신에서 주체의 결정적인 역할 등에 관해 많은 유익한 가르침을 얻을 수 있었다. 이제는 회고적, 역사적, 비교적 분석에서 벗어나 미래를 전망하는 논으로 나아갈 때다. 2020년대의 특징을 고려할 때 사회경제체제를 조직화하는데 있어서 연대 원칙이 다시 부상할 가능성은 얼마나 될까?

사회연대경제만으로 형성된 체제는 문제가 있다

자본주의가 지배하는 체제를 이끄는 시장경쟁 원칙과는 대조적으로, 연대 원칙은 언제나 지역적으로 제한되어 있다. 시장경쟁은 축적, 혁신, 구조적 변화와 경제 제도 등의 역동성을 내포하고 있다. 반면 사회연대경제는 지역적으로 또는 특정 부문에 한정된 다양한 경험의 축적을 통해 형성되며, 정치적·사회적 경계를 초월하는 누적적 움직임을 만들어내지는 못한다. 실제로 사회연대경제 각각의 기본 원칙은 그 조직 형태의 확장 가능성을 제한한다. 민주적 거버넌스 원칙은 조직의 규모를 제한하며, 이윤 추구를 제한하려는 의도는 성장을 위한 투자에 필요한 내부자금 마련에 걸림돌이 된다. 또한 신중함과 회복력의 원동력인 적립금 분할금지 원칙은 신용 활용 규모를 제한한다. 참여형협동조합기업의 경우 조합원 복지가 가장 중요하여 고용 확대보다는 소득 증대가 우선시되는 경향이 있다. 더 근본적으로 인간의 기본적인 필요를 충족시키는 데 초점을 맞추는 사회연대경제 원칙은 자본주의 역동성의 핵심인 끊임없는 새로운 욕구 창출과 상충된다.

이러한 요인들은 사회적 유대의 안정성을 우선시하도록 작용하며, 기술적 역동성을 추진하는 역할은 전통적인 기업이 담당한다. 이 논리를 따르면, 연대의 원칙이 언젠가 경쟁의 원칙을 대체할 수 있을 것이라고 기대하는 것은 무의미하다.부록 〈표 13〉 참고

사회경제체제의 지속가능성과 정당성에 대한 기여

따라서 사회연대경제는 21세기 사회경제체제의 한 구성요소로서 지속적으로 존재할 가능성이 높지만, 자신의 논리를 강제할 만큼의 영향력을 갖지는 못할 것이다.

한편으로 많은 사람이 이윤보다 인간을 우선시하는 경제에 참여함으로써 이상을 추구하고자 한다. 2022년에 프랑스 명문대학그랑제꼴의 학생들이 대기업 취업을 거부한 사례를 예로 들 수 있다. 이들은 대기업이 현대 자본주의의 문제를 심화시키고 있다고 판단했다. 처음에는

의도적으로 선택하지 않았지만, 사회연대경제 부문에서 일하면서 그 장점을 발견하고 그곳에 계속 머무는 사람들도 있다.

다른 한편으로, 어떤 경우에는 사회연대경제의 가치에 대한 사전적 동의가 아니라 필요 때문에 사회연대경제 조직이 생겨나기도 한다. 실제로 집단적인 견제 권력이 없을 경우, 경쟁 원칙은 이윤 추구를 목표로 하는 기업 부문에서 일자리를 찾지 못한 노동자를 배제하는 결과를 초래한다. 이에 대응해 노동자들은 사회적 유대의 우위를 옹호하는 공동의 조직을 설립한다. 공공부문이나 민간부문이 새로 발생한 문제에 대응하는 데 시간이 걸리는 반면, 사회적 주체들은 뛰어난 적응력, 그리고 자주 언급된 바와 같이 사회적 혁신 능력을 발휘한다.

제조업에서 전형적으로 나타나는 수확 체증은 생산과 권력의 집중을 초래하는 경향이 있는 반면, 사회연대경제 조직은 전통적인 미시경제학 이론에서 말하는 '외부효과의 내부화'를 가능하게 한다. 실제로 사회연대경제는 경제 전략의 생태적, 그리고 사회적 지속가능성을 보장하는 데 주력한다. 비영리단체와 협동조합은 지역사회에 뿌리를 두고 있어 환경적 제약과 사회적 유대의 보존 문제를 더 많이 고려하게 된다. 또한 사회연대경제는 이윤 추구 기업과는 다른 방식으로 고용과 소득 간의 독창적인 균형을 조율한다.

점점 더 복잡해지는 사회에서 연대의 가치를 표현할 수 있는 다양한 법적 지위를 갖추는 것은 의미가 있다. 진화이론이 보여준 바와 같이 이러한 다양성은 사회경제체제의 회복력을 보장한다. 진화이론은 모든 기업이 최적의 조직 형태로 수렴한다는 가정을 부정하고, 오히려 기업의 이질성이 경제의 회복력에 기여한다고 강조한다. 따라서 사회연대경제는 사회의 결속을 구축하고 복원하는 역할을 함으로써 자신의 자리를 확고히 한다.[44] 부록 〈표 14〉 참고

공공개입이 기술관료적으로 변질되고, 정부가 대다수 시민의 기대를 저버리면서 대의민주주의는 위기에 처한 것으로 보인다. 반면 참여형협동조합기업이나 공익목적협동조합기업SCIC: Société Coopérative d'Intérêt Collectif[45]에서는 생산과정에 민주주의를 다시 도입함으로써 노동의 권한을 강화하고, 정치영역을 넘어 경제 그 자체까지 포괄하는 민주주의에 대한 신뢰를 회복할 수 있음을 보여준다.[46] 이처럼 한쪽 극단에는 생산에서의 권력관계 변화를 수반하지 않는 누진 과세를 통한 재분배 정책이 있고, 다른 극단에는 사회연대경제 주체가 경영에 관한 의사결정에 참여하여 더 공정한 소득분배를 목표로 삼고 있다.

결국 사회연대경제는 인간에 의한 인간의 발전이라는 목표와 만날

---

44 Jérôme Saddier, *Pour une économie de la réconciliation. Faire de l'ESS la norme de l'économie de demain*, Les petits matins, 2022.

45 역자 주: 지역사회나 공동체의 공익을 위해 설립된 협동조합 형태의 기업으로 노동자, 자본가, 지방자치단체 등 다양한 이해관계자가 함께 참여하여 운영한다. 공익목적협동조합기업은 다중 이해관계자 구조를 통해 공익에 초점을 맞추는 반면, 참여형협동조합기업은 노동자 중심의 소유와 운영을 특징으로 한다.

46 Isabelle Ferreras, *Firms as political entities, op. cit.*

수 있다. 실제로 교육, 보건, 문화는 사회연대경제가 번성할 수 있는 부문이다. 인구 고령화 문제를 예로 들어보면, 자본주의적 조직의 이윤 추구 목표가 노인요양시설 거주자의 복지와 자주 충돌하는 상황에서 비영리단체가 노인 돌봄을 더 효과적으로 제공할 수 있지 않을까?[47] 이러한 측면에서 21세기의 인구통계적 전망을 고려할 때, 사회연대경제는 엄청난 확장 가능성을 지니고 있다.

사회연대경제 주체의 다양화

사회사를 살펴보면, 대규모 위기를 경험하며 연대의 중요성을 인식한 세대와 이러한 사회적 보호의 기원을 점차 잊고 모든 집단적 조직을 거부할 만큼 개인주의적으로 변한 세대 사이의 교체를 확인할 수 있다. 이러한 단순화를 받아들인다면, 지난 30년 동안의 규제 완화와 개인 간 경쟁 격화는 2020년대의 주요 과제, 즉 세계화와 금융화의 승자와 패자 사이의 사회적 격차를 줄여야 한다는 과제를 남겼다. 이는 외부에서 비롯된 것으로 여겨지는 익명적인 메커니즘에 대응하여 공동행동이 다시 부상하는 이유를 설명한다. 이러한 인식의 전환은 사회연대경제에 유리한 환경을 조성한다.

기업의 사회적·환경적 책임RSE, la responsabilité sociale et environnementale을

---

47 Victor Castanet, *Les Fossoyeurs. Révélations sur le système qui maltraite nos aînés*, Fayard, 2022.

고려하는 기업 전략은 기대에 크게 미치지 못했다. 이로 인해 연대 운동 단체가 사회적·환경적 책임과 유사한 목표를 위해 직접 나설 수 있는 공간이 열린다. 나아가 사회연대경제가 새롭게 재구성된 사회적·환경적 책임 프로젝트의 규제 기구가 되는 상상도 가능하다. 또한 사회연대경제는 경제 영역에서 민주주의를 확장하는 공동결정제를 일반적인 기업 운영 방식으로 삼자는 운동의 지지를 받을 수도 있다.[48]

더 일반적으로 초기 정치경제학이 보여주는 바와 같이 인간이 오직 자신의 이익만을 추구하는 존재라는 호모 에코노미쿠스의 협소한 시각을 벗어나면, 아펙티오 소시에타티스affectio societatis[49]가 현대 사회에서도 여전히 존재하고 있다. 프랑스의 밀도 높은 비영리단체 조직망이 이를 증명한다. 이러한 환경은 새로운 연대 프로젝트가 싹틀 수 있는 토양을 제공한다. 한편 공생주의convivialisme는 사회연대경제 프로젝트의 또 다른 중요한 부분이다.[50] 국제노동기구ILO의 전략은 사회연대경제를 품격 있는 일자리를 위한 투쟁에 활용하는 것이다.[51]

---

48 Robert Boyer, La codétermination sera-t-elle la forme normale du gouvernement d'entreprise ?, dans Olivier Favereau, *Traité de la codétermination*, Presses universitaires de Laval. 2022.
49 아펙티오 소시에타티스는 공동의 목표를 위해 하나의 조직에 참여하기로 결정한 사람들이 서로를 결속하는 유대를 형성하려는 성향을 말한다.
50 Alain Caillé, Marc Humber, Serge Latouche et Patrick Viveret, *De la convivialité. Dialogues sur la société conviviale à venir*, La Découverte, 2011.
51 Organisation internationale du Travail, *Économie sociale et solidaire : notre chemin commun vers le travail décent*, 2011.

플랫폼 자본주의는 마치 전지전능한 것처럼 보인다. 그 옹호자들은 경제적, 금융적, 사회적, 생태적, 혹은 정치적 문제를 막론하고 모든 문제에 하나 또는 복수의 순수한 기술적 해법이 존재한다고 믿는다. 이러한 사고방식은 종종 기술해결주의solutionnisme라고 불리며, 일종의 기술결정론에 해당한다. 반면에 사회연대경제는 인간이 직면한 구체적인 문제에 대응하는 다양한 조직적 혁신의 풍부함을 보여주었다. 한 가지 예를 들자면, 보험 분야에서 공제조합이 이윤 추구 기업에 비해 우월하다는 것이 입증되지 않았는가?

결국 정부는 이러한 다양한 주체를 무시할 수 없으며, 이들을 위한 조치를 정책에 포함해야만 한다. 이들 또한 유권자이기 때문이다. 미국에서는 정당에 대한 기부금에 제한이 없으므로 자금이 선거 운동을 지배한다. 반면 사회민주주의 국가는 '1인 1표' 원칙을 최대한 지키려 노력한다. 따라서 사회연대경제에 대한 전망은 정치 체제와 헌법 질서에 크게 의존하며, 이는 국가, 시장, 시민사회 간 권한 배분을 결정한다. 한편 잘 설계된 광범위한 사회보장체계가 마련되어 있으면 사회연대경제의 필요성은 줄어들게 된다.

최종적으로 상품, 자본, 그리고 재산권을 통한 세계화의 한 단계가 그 한계를 드러낸 상황에서, 사회연대경제 네트워크의 국제화는 하나의 대안으로 등장한다. 실제로 기후변화에 관한 협상은 비정부기구의 개입에 크게 의존해 왔다. 그러나 아쉽게도 이들의 영향력은 석유 및 가스 분야의 거대 다국적 기업들에 비해 매우 미미하다.

사회연대경제의 장애물

21세기 초반에 발생한 다양한 변화는 사회연대경제의 발전에 모두 유리하지만은 않았다.

먼저 국가는 시민사회운동이 아니라, 초국적 자본주의의 경제적 권력에 포획되었다. 이러한 경향은 특히 미국에서 극에 달했다. 규제 완화와 금융 혁신으로 촉발된 경제권력의 집중은 어느 정도 정치적 권력으로 전환되었다. 이러한 장애물은 정치적 영역을 향한 집단적 행동을 통해서만 극복할 수 있다.

다음으로 연대의 원칙이 적용되는 범위는 한정적이기 때문에, 사회연대경제가 금융의 구조적 안정성 회복, 지구 거주 환경의 보전, 팬데믹 예방, 그리고 불균등발전으로 인한 이주 흐름의 규제 등과 같은 주요 국제적 문제를 해결하는 것은 어렵다. 비록 비정부기구의 역할이 커지고 있지만, 이러한 문제는 여전히 국가 간 협상의 대상이다. 그런데 각국의 이해관계가 극명히 갈리면서 세계적 차원의 규칙 제정은 결코 쉬운 일이 아니다. 앞서 언급한 희망과 달리, 기업의 사회적 책임과 사회연대경제 간의 동맹은 사회연대경제에 유리하게 작용하기보다는, 오히려 전국적 차원의 연대를 유지할 책임을 국가에 떠넘기려는 민간의 전략을 정당화할 위험이 있다.

마지막으로 젊은 세대가 환경 문제에 매우 높은 관심을 가지고 적극적으로 행동하는 것은 주목할 만한다. 그러나 생활 조건, 소득, 자산 등의 더 광범위한 평등을 옹호하는 대규모 운동은 거의 형성되지 않았다. 기후변화에 관한 정부 간 패널IPCC: Intergovernmental Panel on Climate Change의 최근 보고서들이 보여주듯이, 생태 발자국은 국가나 사회에 따라 크게 차이가 나며, 이 극단적 양극화가 지속된다면 모두가 두려워하는 재앙으로 이어질 수도 있다.[52] 따라서 불평등 완화와 기후 변화 대응 간의 동맹을 모색해야 하며, '월말'fin du mois, 생계과 '종말'fin du monde, 지구의 미래 간의 대립으로 해석하는 통상적인 관점을 넘어서야 한다.[53] 사회적 목표와 환경적 목표 간의 동맹은 사회연대경제에 새로운 활력을 불어넣을 수 있을 것이다.

사회연대경제의 미래를 둘러싼 불확실성

사회연대경제의 미래는 아직 확정되지 않았다. 여러 상반된 힘들이 작용하고 있기 때문이다. 사회연대경제의 이상적인 시나리오를 구성하는 세 가지 조건을 명시적으로 제시할 수는 있지만, 대부분의 사회

---

52 Chapter 8 Poverty, livelihoods and sustainable development, dans Giec, *Climate change 2022. Impacts, adaptation and vulnerability*, Cambridge University Press, 2022, p. 1171-1274.

53 Lucas Chancel, Il peut y avoir des alliances entre le climat et la question sociale, *Le Monde*, 19 août 2022.

에서 볼 수 있는 다양한 저항을 함께 고려해야 한다.

장기적인 역사에서 세 단계의 과정이 반복적으로 나타난다. 첫 번째 단계에서는 중대한 위기가 발생하여 시장과 국가에 의한 조절은 한계를 드러내며, 경제체제의 위험성과 불공정성이 부각된다. 이는 두 번째 단계에서 경제적 존엄성과 기본권 존중에 대한 보장을 목표로 하는 사회적 투쟁을 촉발시키는 토양이 된다. 그러나 연대를 위한 시도들이 지속가능한 해결책으로 자리 잡으려면, 정치권력에 의해 법적·제도적 인정을 받는 과정을 거쳐야 한다. 이미 언급한 바와 같이, 이 세 번째 단계는 전략적 목표가 사회적 조직으로 구체화되는 과정이며, 지역적 또는 부문적 차원에서 국가적 차원으로 확장되는 과정이다.〈그림 12〉

사회경제체제가 위기에 처하면 일반적으로 지배적인 세력은 저항한다. 이들은 경제적 인식의 관성, 중간 집단의 쇠퇴, 최후의 구원자로서 국가에 대한 의존이라는 요소들을 결합하여 활용할 수 있다. 로마 클럽이 이미 1972년에 무한 성장 모델이 자연자원의 유한성과 부합하지 않는다는 점을 경고했음에도 불구하고, 무한한 번영에 대한 믿음은 완전히 사라지지 않았다.[54] 수십 년에 걸친 신자유주의 전략은 노동조합, 나아가 시민사회 조직 전반의 힘을 약화시켜, 일부 대중에게 현

---

54 Dennis Meadows, Donelia Meadowss et Jorgen Randers, *Les Limites à la croissance (dans un monde fini). Le rapport Meadows, 50 ans après*, Rue de l'Échiquier, 2022.

재의 정책 외에는 대안이 없다는 믿음을 심어주었다. 이러한 무력감은 지역적 차원의 다양한 시도에 결코 유리하지 않다.

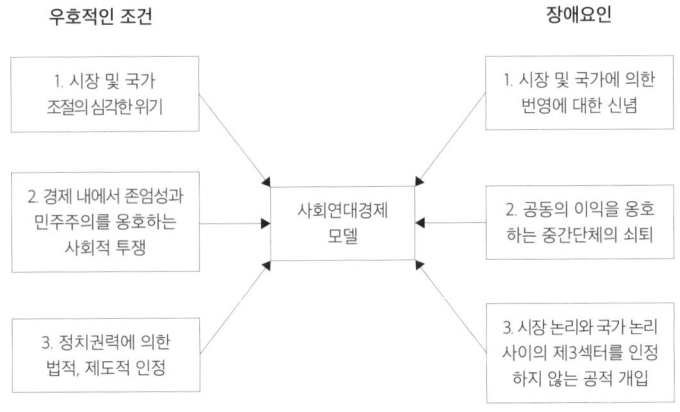

<그림 12> 사회연대경제의 출현과 쇠퇴 요인

 마지막으로 자유시장 지지자들과 국가의 '절대적 권력' 옹호자들 사이의 정치적 대립은 여전히 지속되고 있으며, 양자 사이의 절충은 허용되지 않는다. 이로 인해 오늘날 사회연대경제 일부는 반복되는 위기 속에서 국가에 의존하게 되었다. 예를 들어, 빈곤과 불안정에 맞서 싸우는 비영리단체는 급증하는 수요에 대응하기 위해 필요한 자원을 확보하고자 지방정부, 나아가 국가에 도움을 요청해야 하는 상황에 처해 있다. 여론은 국가가 사회적 연대를 구현하는 주체로서 기능하기를

기대한다. 이는 결과적으로 사회연대경제의 목표가 선의의 국가에 의해 대리되는 결과를 초래할 수 있다.

저울추가 어느 쪽으로 기울게 될지는 역사가 말해줄 것이다.

시장 근본주의의 과잉 이후 연대 원칙으로 복귀?

사회연대경제의 부흥을 기대할 수 있을까? 장기적 관점에서 보면, 가능성이 있다. 되돌아보면 1990년대 이후 규제 완화와 국제적 개방의 흐름이 중단 없이 이어져 온 것은 놀라운 일이다. 그러나 2020년대 초에 들어서면서 이러한 체제의 지속가능성에 대한 믿음은 전방위적인 도전을 받고 있다. 따라서 시장의 자유화와 이를 규제하려는 공공 개입 간의 진자 운동이 다시 반전될 가능성이 크다. 이는 1940년대에 칼 폴라니가 이론적으로 정리한 바 있으며,[55] 오늘날 다시 반복되고 있다. 토지, 화폐, 노동을 상품화하려는 시도는 사회를 위기로 몰아넣는다. 이제 경제가 사회와 정치 속에 다시 내재화되는 전환의 가능성이 열리며, 사회연대경제는 분명히 이러한 분기점의 핵심 구성요소 중 하나이다.

---

55 Karl Polanyi, *The Great Transformation*, Farrar & Rinehart, 1944.

결론

2000년대 이후 발생한 금융, 보건 위기와 앞으로 닥칠 기후 위기는 새로운 시대에 접어들었음을 알리고 있다. 사회연대경제의 풍부하고 오랜 역사는 이 일련의 위기로 열린 미래에 대한 전망을 분석하는 데 활용되어야 한다.

사회연대경제에 불리한 이분법적 경제관

초기부터 사회연대경제는 지배적인 사회관계에 의해 형성된 두 가지 전형적인 구조와 비교하여 정의된다는 점에서 어려움을 겪어 왔다. 하나는 자본주의의 전형적인 상품관계에 의해 형성된 구조이고, 다른 하나는 시민과 국가 간의 관계에 의해 형성된 구조이다. 사회연대경제는 시장도 아니고, 국가도 아닌, 이 둘 사이의 어떤 것으로 인식된다. 문제는, 경제의 조직방식과 정책 방향을 둘러싼 논의가 여전히 이러한 이분법적 대립 구도를 중심으로 펼쳐지고 있다는 점이다. 시장이 실패하면 국가가 개입해야 하고, 반대로 국가가 무능하면 시장 논리가 부상한다. 경기침체는 케인즈주의자가 생각하는 것처럼 수요 부족 때문인가, 아니면 슘페터 후계자들의 분석처럼 근본적인 혁신의 부족 때문인가? 모든 논쟁은 '이것 아니면 저것'이라는 이분법적 대안에만 초점이 맞춰지는 듯하다.

이러한 제3섹터 배제 원칙은 사회연대경제에 지속적으로 불리하게 작용한다. 실제로 사회연대경제는 경제학의 근본인 경제적 효율성이라는 기준과 전혀 다른 기준을 도입한다. 동시에 사회연대경제는 정치 영역의 권력 문제를 다루지 않는데, 이는 정치학이나 법학의 분석 대상이다. 분명히 사회연대경제는 자본주의 체제보다 더 효율적이라는 주장도 하지 않으며, 국가 내 권력 구조에 대한 대안을 제시하지도 않는다. 사실 사회연대경제의 목표는 생산, 소비, 투자, 그리고 금융 활동에서 평등한 호혜와 연대에 기반한 조직을 구축하는 데 있다.

결과적으로 사회연대경제는 자신의 고유한 기준이 아니라, 한편으로는 시장 논리, 다른 한편으로는 정치권력의 논리에 따라 평가되는 경향이 있다. 이러한 관점은 사회연대경제와 그 미래 전망을 이해하는 데 걸림돌이 되므로, 비판적으로 검토하고 폐기해야 한다.

제도경제학은 시민사회를 포함하는 삼자 구도를 원칙으로 제시한다

제도경제학의 부활은 사회경제체제의 지속가능성을 위한 과정에 참여하는 조직과 제도의 다양성을 확장했다. 사회연대경제는 시민사회의 산물로 이 과정에 참여하고 있다. 시장과 국가 간의 이분법적 대립은 이제 세 가지 조정 방식 간의 시너지 효과를 강조하는 삼자 구도로 대체되고 있다.

그러나 대부분의 경우, 사회연대경제는 다른 메커니즘이 한계를 드러낼 때 이를 보완하는 역할로 등장하는데, 특히 대규모 위기 시에는 더욱 그러하다. 시장 옹호자들은 '보이지 않는 손'이라는 이미지를 자주 들먹이는데, 이는 매력적이기는 하지만 정당화하기는 어려운 개념이다. 반면에 공적 개입 지지자들은 서로가 서로에 대해 투쟁하는 개인으로 이루어진 사회에서 갈등을 평화롭게 조정하는 주권자의 능력을 강조한다. 사회연대경제 주체들은 이익과 이념 간의 타협을 나타내는 '악수'의 이미지를 제시한다. 부문별 노사단체협약은 그 대표적 예인데, 조절이론은 이것이 포드주의적 발전양식의 확립에 결정적 역할을 했음을 보여주었다.[56] 프랑스의 꽁방시옹학파 l'école des conventions의 용어를 빌리자면, 사회연대경제는 각각 시민권과 평등을 중시하는 시민적 원칙과 교환과 시장 가치를 중시하는 시장 원칙, 이 두 가지 이질적인 논리를 조화시키고자 하는 혼합 조직에 기반한다.[57] 이러한 조직은 분석가, 특히 경제학자의 시각에는 더 취약하게 보인다. 따라서 사회연대경제는 새로운 문제에 대한 해결책으로는 거의 고려되지 않는다.

---

[56] Robert Boyer, *Économie politique des capitalismes. théorie de la régulation des crises*, La Découverte, 2015.

[57] Luc Boltanski et Laurent Thévenot, *De la justification. Les économies de la grandeur*, Gallimard, 1991.

사회연대경제의 강점은 호혜의 원칙에 기반한 연대를 바탕으로 하며, 경제 활동에 민주적 원칙의 도입을 옹호한다는 점이다. 그러나 이는 동시에 한계 중의 하나이기도 하다. 그 활동 범위는, 폐쇄되어 있지는 않지만 명확히 한정된 공동체 수준에만 국한되기 때문이다. 실제로 역사적 경험을 보면, 국가는 자신이 권력을 행사하는 영토를 기반으로 연대를 확장하고 실행할 수 있는 능력을 갖추고 있다. 이러한 맥락에서 사회연대경제 조직들은 이 목표를 지원하기 위해 어느 정도 국가가 위임한 역할을 수행하는 것으로 볼 수 있다. 그러나 사회연대경제는 공공서비스에 대한 접근과 누진 과세를 통한 재분배의 전반적인 과정을 대체할 목적으로 존재하는 것은 아니다.

한편 시장관계와 자본/노동 관계는 국가의 경계를 넘어 확장될 수 있으며, 이로 인해 민간 기업뿐만 아니라 협동조합, 비영리단체, 공제조합들도 경쟁에 직면하게 된다. 이러한 메커니즘은 재무적 성과가 주요 관심사가 아닌 사회연대경제의 경제적 지속 가능성을 위협할 수 있다.

사회연대경제의 원죄

사회연대경제는 원죄를 안고 있다. 상업자본주의 발흥 이후 끊임없이 발생한 사회경제체제 위기는 시장/국가 조합의 구조적 취약성을 드러냈다. 사회연대경제의 원죄는 사회연대경제의 혁신이 이러한 취약성에 대응하기 위한 반작용으로 탄생했다는 점이다.

시장에 맡겨진 경제는 불평등과 배제를 초래하기 쉬우며, 이는 사회적 평화를 위협한다. 이러한 위험에 직면하여 피해자들은 공제조합이나 협동조합과 같은 형태로 지역 기반의 연대를 조직한다. 한편 국가는 일반적인 규제와 규범을 제정하고 강제한다. 그러나 개별적, 지역적, 그리고 부문별 상황의 다양성은 고려되지 않는다. 국가의 수직적 접근은 이러한 복잡성에 적응할 필요가 있다. 사회연대경제의 주요 강점 중 하나는 수평적 상호작용을 통해 독창적인 해결책을 상상할 수 있는 능력이다. 사회연대경제는 문제가 있는 사회경제체제에서 일종의 버팀목 역할을 한다.

이로부터 목표, 운영 부문, 그리고 다양한 법적 형태 등에서 드러나는 사회연대경제의 다면성을 설명할 수 있다. 소비협동조합, 생산협동조합, 고용을 통한 사회통합에 종사하는 비영리단체, 보험 또는 건강 공제조합, 연대 및 참여 금융, 그리고 보건 및 사회적 활동 부문의 재단 등 사회연대경제는 다양한 형태로 존재한다. 이로 인해 사회연대경제는 시간의 흐름에 따라, 그리고 새롭게 떠오르는 문제에 따라 실용적인 방식으로 끊임없이 진화하고 있다.

약간 과장해서 표현하자면, 사회연대경제는 독창적이고 전례 없는 사회경제체제를 구축하려는 보편적 목표를 지닌 일반 원칙의 전개가 아니라, 수많은 혁신과 실천의 축적에서 비롯된 결과이다. 사회연대경제는 새로운 문제에 대한 이론적 투영인 '에피스테메épistémè'보다는 실천에 의한 발명인 '테크네technè'에 더 가깝다. 바로 이 점이 사회연대경제가 부침을 겪는 이유이기도 하다.

연대에 기반한 사회경제체제의 구축을 가로막는 장애물

이처럼 사회연대경제는 과거와 현재의 사회경제체제에 긴밀히 얽혀 있으며, 이는 연대의 원칙을 최우선으로 하는 대안 체제의 구축에 장애물이 된다.

여러 지표가 이러한 가설을 뒷받침한다. 우선 사회연대경제의 일부는 그 등장을 촉발한 위기가 해소되면 축소되거나, 적어도 더 이상 발전하지 않는 경향이 있다는 점이 우려스럽다. 예를 들어 아르헨티나의 경우 지역화폐는 금융시스템 붕괴에 대한 대응책이 될 수는 있었지만, 장기적인 자율적 정치 프로젝트의 출발점으로 이어지지는 못했다. 유럽에도 다양한 지역화폐가 존재하지만, 현재까지는 중앙은행이 발행하는 화폐와 독립적으로 지방정부의 자율성이 보장된 사례는 없다.

다음으로 생산협동조합, 소비협동조합, 연대 화폐 및 금융, 그리고 공제조합 등 사회연대경제의 다양한 형태는 서로 자발적인 시너지 효과를 내지 않는다. 이는 각자가 기존 체제의 서로 다른 약점을 보완하는 과정에서 형성되었기 때문이다. 대부분 사회연대경제 조직은 서로 상호보완관계에 있지 않다. 만약 상호보완관계가 구축되었다면, 이는 사회연대경제가 고유한 사회경제체제로 자리 잡을 수 있는 회복력과 확장 가능성을 보장해 주었을 것이다.

게다가 사회연대경제가 번영하려면 규제와 세제 측면에서 이를 뒷받침할 경제정책이 필요하다. 그러나 일반적으로 사회연대경제의 주체는 경제, 미디어, 그리고 궁극적으로 정치영역에서 권력의 주변부에 자리 잡고 있다. 수십 년에 걸친 규제 완화로 사회연대경제 주체는 격렬한 경쟁에 노출되었다. 폐쇄적으로 운영되거나, 특정 세금 면제 혜택을 받거나, 혹은 자원봉사자에 의존하고 있다는 이유로 일부 사회연대경제 조직은 경쟁을 왜곡하고 있다는 비판을 받을 수도 있다. 유럽의 규제당국은 이러한 요소들을 시장 왜곡으로 간주하며 제거해야 할 대상으로 볼 수도 있다.

제도적 모방 또한 사회연대경제의 일부 지도자가 직면할 수 있는 또 다른 위험이다. 예를 들어, 일부 협동조합은행은 세계화된 금융시장의 논리를 따르다가 파산 직전까지 몰린 사례가 있다. 이 같은 경험을 통해, 강력하고 회복력 있는 사회연대경제의 제도화에 필수조건을 확인할 수 있다. 그것은 바로 연대에 기반한 발전양식을 뒷받침하는 근본적인 타협을 강제할 수 있는 사회 세력의 연합을 형성하는 것이다. 이런 사례는 농촌사회의 동원을 기반으로 했던 라틴 아메리카에서 볼 수 있었지만, 현대 산업화된 경제에서는 보기 드물다.

자주관리 프로젝트의 실망스러운 운명

사회적 관계를 변혁하려는 시도로서 자주관리 프로젝트의 운명을 재조명하는 것은 의미 있는 일이다. 다양한 경험이 계속 이어졌으나, 대부분은 단기간에 그쳤으며 미래 세대에게 희망의 메시지를 남기지 못했다.

근본적으로 이러한 시도들은 두 가지 장애물에 부딪혔다. 경제체제에 어느 정도 영향을 미친 자주관리 프로젝트의 경우, 시장관계가 확산하고 이로 인해 경쟁이 심화함에 따라 공동체적 이상이 점차 약화하였다. 공동체적 이상은 이윤의 논리에 따라 움직이는 기업으로 생산이 집중되는 것을 막지 못했다. 협동조합 부문은 농업 분야를 제외하고는 전형적인 자본주의의 망망대해에 잠기고 말았다. 이로써 자본주의는 뛰어난 적응력과 생명력을 다시 한번 보여주었다. 많은 결함에도 불구하고, 자본주의가 가장 덜 나쁜 체제임이 입증된 것은 아닐까?

안타깝게도 자주관리는 자본주의에 필적할 만한 성공을 통해 대중을 자기 편으로 동원할 수 없었다. 자주관리의 경제적 약점이 드러나기도 전에 정치적 결정에 따라 대부분의 실험이 중단되었기 때문이다. 이러한 결과는 조절이론의 핵심적 결론과 일맥상통한다. 그것은 바로 한 시대를 특징짓는 경제적 제도와 조직은 자기 조직화 과정을 통해 형성되기보다는, 국가 내에서 구체적으로 결정되는 권력 배분의 결과로서 나타난다는 것이다. 물론 이러한 과정이 항상 일관된 발전양식의 등장을 보장하는 것은 아니다. 이 관점은 또한 진보적 정당들의 놀라운 건망증과 사회연대경제가 현대 정치 담론의 중심에 자리 잡지 못한 이유를 설명해 준다.

사회연대경제, 사회 불안정의 방파제

본질적으로 사회연대경제는 수십 년간 진행된 시장 메커니즘에 대한 규제 철폐 이후 사회 불안정에 대한 방파제라 할 수 있다. 사실 칼 폴라니Karl Polanyi가 강조한 이중운동노동, 토지, 화폐의 상품화 과정과 그 반작용으로 나타나는 순수한 시장사회라는 유토피아의 포기이 보여주는 바와 같이, 과거에는 국가가 부과하는 제약을 통해 시장을 재포섭함으로써 사회는 스스로에 대한 통제력을 되찾았다.

2020년대는 이러한 전환이 나타날 가능성이 크다. 이전에 정부는 사회연대경제가 사회적 배제를 완화하기에 충분한 임시방편이 될 것으로 기대했다. 그러나 2008년 금융위기의 심각성은 국가의 모든 역량이 총동원되어야 한다는 점을 부각했다. 이는 신용과 금융에 대한 통제권 회복과 자국 통화로 부채를 조달할 수 있는 능력을 통해 가능했다. 나아가 COVID-19 팬데믹은 '각자도생'의 한계를 드러내며, 국가가 다양한 이해관계자의 전략을 조율해야 할 필요성을 입증했다. 결과적으로 국가는 사회적 유대의 최후의 보루이자 시스템 리스크의 보호자로 자리 잡게 되었다.

결국 비상상황에서 정부는 이념적 성향과 관계없이 최소한의 연대를 보장하는 역할을 맡게 된다. 그러나 이 과정에서도 사회적 지위에 따른 심각한 불평등이 나타나기도 한다. 이 같은 상황에서 사회연대경제는 여전히 긍정적인 역할을 수행하지만, 그 역할은 제한적이다. 국가적 차원의 연대를 구현하는 과정에서 하위 단계로 간주되기 때문이다.

다른 한편, 세계 정부는 물론 강력한 국제협력기구도 없는 상황에서 국가 이기주의가 우위를 점하게 되었다. 이러한 배경에서 국가 간 상호 의존성과 자율성 상실을 억제하는 방편으로 '탈세계화'라는 구호가 다시 떠오르고 있다. 이 현상은 자유주의자가 희망하는 대로 세계화가 다시 가속화되기 이전에 나타나는 일시적 단계일 수도 있고, 혹은 시장 근본주의에 맞서 싸워온 이들이 환영할 전환점이 될 수도 있다. 어느 쪽이든, 사회연대경제는 중요한 역할을 하게 될 것이다.

자신의 범위에서 세계적 과제 해결에 기여하는 사회연대경제

사회연대경제가 중요한 역할을 할 것이라는 가설을 뒷받침하는 논거는 더 있다. 기술적이든 사회적이든 모든 혁신은 역사의 중요한 시기에 사회를 위협하는 주요 문제에 대한 해결책을 모색하는 과정에서 탄생한다. 오늘날 우리가 직면한 문제는 복합적이다. 심각한 불평등 속의 사회적 양극화는 취약한 국제금융시스템으로 인해 반복되는 경제위기와 맞물려 있다. 또한 만성 질환과 팬데믹에 제대로 대비하지 못한 보건 시스템의 부실은 기후 변화와 생물다양성 감소에 대한 대응 지연과 함께 더욱 두드러지고 있다. 가장 우려스러운 점은 국가적 수준뿐만 아니라 국제적 수준에서 정치적 중재가 제대로 가동되지 않으며, 민주주의의 장점에 대한 의구심이 점점 커지고 있다는 것이다. 또한 국가 간 발전경로의 차이로 인해 국제관계가 와해될 위험도 나타나고, 이민 흐름도 가속화되고 있다. 대부분의 경우 사회연대경제는 이러한 문제 해결에 기여할 수 있다. 그러나 지역적 범위를 넘어서는 문제에 대해서는 이차적 해결책만 제공할 수 있을 뿐이다.

사회연대경제는 오랜 역사가 있으며, 이는 곧 그 미래가 있다는 것을 의미한다. 사회연대경제는 경제에서 민주주의 원칙의 수호자, 사회적 유대를 유지하기 위한 이니셔티브와 혁신의 장, 그리고 정치적 쇄신에 대한 기대 등으로 기능할 수 있다.

부록

부록 <표 1> 산업별 사회연대경제 부문 임금노동자 수(2014년 12월 기준)

(단위: 명)

산업	소계	협동조합	공제조합	비영리단체	재단
농업, 임업 및 어업	11,216	6,588	0	0	0
제조업, 건설업	51,879	46,334	0	4,753	0
식료품 제조업, 담배 제조업	24,614	0	0	0	0
도매 및 소매업, 운수업, 숙박 및 음식점업	93,573	60,863	4,696	27,333	691
도매 및 소매업	59,648	53,808	4,501	1,159	0
금융 및 보험업	266,337	167,297	86,531	0	0
정보통신산업, 부동산업, 사업지원서비스업	161,581	21,317	1,463	122,229	6,552
공공행정, 교육서비스, 보건업 및 사회복지서비스업	1,499,722	0	0	1,378,792	73,283
교육서비스	361,222	0	0	340,605	8,420
보건업	179,762	0	0	130,578	26,878
사회복지서비스업	868,768	0	0	907,609	37,985
사회문화서비스업	310,914	0	0	305,326	2,453
예술, 공연 및 여가 관련 서비스업	128,162	0	0	126,363	0
계	2,372,812	308,632	136,723	1,844,647	83,010

자료: INSEE(Institut National de la Statistique et des Etudes Economiques: 프랑스 국립통계경제연구소)
역주: 제2열의 '소계'는 네 가지 유형 외의 형태로 활동하는 사회연대경제 주체의 임금노동자 수까지 합한 수치로 보이고, 마지막 행의 '계'는 대분류 기준 7개 산업 외의 산업에서 활동하는 사회연대경제 주체의 임금노동자 수를 합한 수치로 보임. 그런데 소계 열의 계는 7개 산업의 수치를 합한 수치보다 작은데, 그 이유는 알 수 없음.

부록 <표 2> 생산협동조합은 다양한 경제적 효과를 가져오는
고유한 메커니즘에 따라 운영된다

특징	메커니즘	
	유리한 점	불리한 점
I. 의사결정에 대한 평등한 참여	1. 갈등 감소, 고용 안정성 증가, 역량 축적 (Vanek, 1970) 2. 더 강도 높은 노력, 품질 향상(Mills, 1909) 3. 상호감시를 통한 긍정적 결속 (Cable et Fitzroy, 1980) 4. 감시비용 감소(Alchian et Demsetz, 1972; Bowles et Gintis, 1993)	5. 경영자의 권한과 재량권 축소(Webb, 1990) 6. 효율적인 정보 처리의 어려움 (Marshall, 1919; Jeansen et Meckling, 1979; Simon, 1971) 7. 자본가들의 다각화를 통해 가능해진 노동자들의 위험 회피 성향(Meade, 1972)
II. 기업 순익의 분배	8. 자본주의 기업보다 더 강한, 노력에 대한 긍정적 유인(Levin, 1982)	9. 고용에 불리한 지대의 분배(Vanek, 1971) 10. 태만을 부추기는 유인이 되는 평균 생산성과 개인 생산성 간의 격차 (Alchian et Demsetz, 1972) 11. 잉여를 한 개인이나 하나의 중앙기관이 소유하지 않음으로 인한 효율성 손실 (Alchian et Demsetz, 1972)
III. 소유권 참여	12. 노동력의 낮은 이직률(Levin, 1984)	13. 최적의 노력을 저해하는 추가 이윤과 개인의 노력 간의 격차(Meade, 1972)

자료: Jacques Defourny의 논문(1988년 논문(본문 각주 13 참고))을 보완하여 작성
주: 언급된 저자의 저작은 Jacques Defourny의 논문 참고

부록 <표 3> 처음부터 다양한 목표를 가진 다수의 사례

사례	연도	국가	활동부문	법적 형태	목표
The Store Porters Society	1498	스코틀랜드 (에버딘)	운송	협동조합	상호부조를 통한 노동자의 삶 개선
Fenwick	1761	스코틀랜드 (이스트에어서)	직조, 이후 사업영역 확장	소비협동조합	음식과 책의 공동구매
Équitables pionniers de Rochdale	1844	잉글랜드	직조	소비협동조합, 이후 주택 부문으로 확장	제조업자와 유통업자에 대한 의존 종식
Boulangerie coopérative Friedrich Wilhelm Raiffeisen	1847	독일	제빵, 이후 신용부문으로 확장	생산협동조합	경제위기에 대한 대응

부록 <표 4> 사회연대경제에 영감을 준 다양한 이론적 원천

저자	발간연도	서명	특징	정치적 지향
샤를 푸리에 (Charles Fourier)	1822	가사 및 농업 공동체에 관한 논고 (Traité de l'assocation domestique et agricole)	가사 및 농업 공동체	협동적 사회주의
생-시몽 (Saint-Simon)	1825	새로운 그리스도교 (Nouveau Christianisme)	과학적 접근	자유주의적이면서 사회주의적 사상
샤를 뒤느와에 (Charles Dunoyer)	1830	새로운 사회적경제론 (Nouveau traité d'économie sociale)	정치경제학적 접근	경제적 자유주의
로버트 오언 (Robert Owen)	1837	사회체제의 기본 제안 (Propositions fondamentales du système social)	빈곤에 대응한 공동체 결성	유토피아 사회주의
피에르-조셉 프루동 (Pierre-Joseph Proudhon)	1863	연방의 원칙과 혁명정당 재구성의 필요성에 관하여 (Du principe fédératif et de la nécessité de reconstituer le parti de la revolution)	자유를 보장하는 생산 및 분배 거점의 다면화 국가 중앙집권에 대항하는 다원주의	사회주의, 노동자 민주주의
레옹 부르주아 (Léon Bourgeois)	1896	연대 (Solidarité)	연대주의, 공동생활의 규모으로서의 상호성	자유주의적 사회주의와 사회적 자유주의 사이
프토르 그로포트킨 (Peter Kropotkine)	1902 (프랑스어판)	상호부조, 진화의 한 요인 (L'entraide, un facteur de l'évolution)	인간종을 포함한 종의 진화에 적용되는 사회적 다원주의에 대한 믿음	아나키즘
샤를 지드 (Charles Gide)	1902	1900년 만국박람회를 기반 사회적경제에 관한 보고서 (Rapport sur l'économie sociale lors de l'Exposition universelle de 1900)	연대를 보장하는 협동과 결합 자유의 경제적 도덕적 효율성	집산적 사회주의에 대항한 협동적 사회주의
셀레스탱 부글레 (Célestin Bouglé)	1907	연대주의 (Le solidarisme)	사회국가(État social)의 필요성	계급투쟁 반대 사유재산 지지
버튼 웨이스브로드 (Burton Weisbrod)	1977	자발적 비영리 섹터 (The Volutary Nonprofit Sector)	시장의 결함, 그리고 특정 공공재 관련 국가 재정 문제에 대한 보완	임베디드 자유주의 (embedded liberalism)

부록 <표 5> 협동조합의 독창성

특징	성과 기준	위기 대응 능력	사회와의 연계
1. 민간부문 지향	공동으로 정한 목표 달성	일반적으로 전통적인 기업보다 우월	특수 회사법을 통해
2. 사회적 유용성	공동으로 정의한 가치	호황과 양립가능한 경우	경쟁 환경 속에서 사회적 연계를 보존
3. 자본에 대한 인간의 우위	고용을 통한 사회적 통합	집단의 결속을 통해	자본주의 전형적인 경향에 대한 상쇄를 통해
4. 시장에서의 운영	품질과 서비스 차별화	거시경제 변화에 종속됨	경쟁법을 통해
5. 적립금 분할금지 원칙	최대 수익 기준 완화	투기적 열풍으로부터 보호	신용 접근 및 성장 제한; 반면에 장기주의 추구 가능
6. 지역 기반	지역 공공재 보존	안정성 및 비가역성의 요소로 기능	경제통치와 기업 굿
7. 혁신 능력	새로운 조직 및 서비스 형식	사회적 결속 유지	기술 혁신이 일정한 장애 요소

부록 <표 6> 자주관리의 다양한 사례

상황	기간	기원	성과/성공 및 실패 요인
스페인공화국	1936-1939년	아나키즘에서 영감을 받음, 반공주의 운동	농업 분야에서 성공을 거두었으나 산업 부문에서는 실패, 프랑코 장군의 승리로 중단
이스라엘의 키부츠	1948-1977년	집단 마음, 농업 및 산업 활동	우파 정당들에 의한 정치적 도전, 이후 경제적 중요성의 지속적인 감소
유고슬라비아의 실험	1950-1992년	국가 자본주의에 대한 모색	후기에는 사회주의 기업이 시장 내에서 자율성 부족, 연방 정치 체제의 붕괴와 함께 종료
알제리 독립 초기	1962-1976년	'직산(敵産)', 특히 농업 부문, 관리의 연속성	강력한 중앙집권적 국가와 노동자들에 대한 정치적 통제에 의해 도전받음
칠레의 실험	1970-1973년	경영진의 파업 기간 동안 노동자들에 의한 기업 장악	단지 몇 달간만 지속, 노동자들에게는 긍정적, 피노체트 장군의 쿠데타로 인해 갑작스럽게 종료
프랑스 기업 LIP	1973-1979년	파산된 공장을 노동자들이 점유하여 관리함	자주관리의 모범적인 사례로서 국우화인 대안으로 재시되었으나 국가 지원 중단으로 종료
아르헨티나	2001-2017년	위기 대응의 일환으로, 일부 기업 노동자들이 인수하여 운영	일부는 페론주의를 표방하는 정치 운동으로 전환, 노동자들이 기업 재인수운동을 통해 자체적으로 화폐 발행 개시

부록 <표 7> 사회연대경제와 오스트롬(Ostrom)의 공유재(커먼즈) 사이의 관계는 무엇인가?: 참여협동조합기업(SCOP)의 예

	SCOP	공유재(커먼즈)
목표	분업의 결과를 공유	다양한 활동간 자원의 공유
방식	역사적 배경에서 비롯된 법적 지위	다양한 이해관계를 조화롭게 조정하는 실용적인 거버넌스
등장 조건	특정 프로젝트를 중심으로 형성된 집단	자원의 사용에 따른 반복적인 갈등
시장 및 국가와의 관계	시장의 한계를 인식, 국가와의 공동 생산	시장과 국가의 상명하 정점에 대한 논의에서 벗어나 새로운 발명 탐구

부록 <표 8> 임노동관계, 국가 및 사회연대경제 간의 주기적 재조정

제도 시기	1800-1848년 1847년 경제위기	1852-1892년 1875-1892년 경제위기	1892-1940년 1930년대 경제위기	1945-1975년 1970년대 경제위기	1975-2010년 점재적 접전지 경제위기	2010년 이후 위기에서의 조기 회복
임노동	연대 노동 및 노동권, 일용직 노동의 불안정성	임금노동과 실업이 점진적인 체계화에 맞선 독립성의 증진	임금노동 지원, 사회적 보호, 소비협동권	여성 임금노동 참여, 피고용인 자영봉사자간 구분	고용을 통한 사회 통합, 자영봉사자의 전문화, 기업가·임금노동자/자영업자, 고용자 기능	참여에 대한 성찰, 중·노동상호부조, 다중협력체계
국가	비영리단체 및 공동소유에 대한 탄압	협동조합에 대한 점진적 관용(1850-1867년)	법적, 재정적 인정, 공공 개입 중개	공공 정책 및 공공시장의 자극제 및 도구	탈중앙화, 규제완화, 경쟁 도입, 공공자금지원에 대한 문제 제기	공공 정책의 구축, 사회적 환경적 조항
사회연대 경제의 포괄적 성격	다자원지, 지역적 노동자 비영리단체 활동	협동+상호부조 = 연대의 '새로운 모델'	사회자 진보 제도: 노동, 안정, 사회보장·독립	기업을 경영하는 비영리단체	다원적 경제 속에서 다른 기업과 (완전히 동일하지는 않지만) 유사한 기업	사회-시장적 기업, 조직 및 기구
사회연대 경제의 역할	포괄적 대안	수공업활동의 조직화를 통한 임금 노동에서의 해방	노동 조건 개선 및 독립 노동 지원	시장내 통합을 위한 혼합경제의 보조적 역할	경제 위기의 완충제 및 활동의 혁신자 역할	새로운 사회 발전 모델의 프리즘 및 촉진제 역할

출처: Danièle Demoustier, L'histoire de l'ESS à travers le prisme de la théorie de la régulation, présentation au colloque international Recherche et régulation, 10–12 juin 2015.

부록 <표 9> 세계경제가 부과한 필수 요건에 대응하는 세 가지 논리 비교

논리/속성	국가	시장	사회연대경제
수익체증 추동 능력	(교육, 연구, 공공의료와 같은) 예외적 상황을 제외하고는 낮음	노동 분업과 수익체증의 매개체	일반적으로 소규모 단위의 병렬화로 인해 낮음
혁신 유인	(전쟁, 위기, 팬데믹과 같은) 예외적 상황에서 가능	혁신 지대에 연결된 이윤 추구로 매우 강함	주로 사회적, 조직적 혁신(법제계, 노동조직)
경쟁 압력 대응 능력	강제력의 독점, 그러나 금융 세계화에 의해 경향 약함	역설적: 자유 경쟁이 독점으로 이어지는 경향	연대를 고려함으로써 제한됨 (효율성을 희생할 수 있음)
세계화된 경제에서의 생존 가능성	자본의 완전 이동성으로 인한 제한된 자율성	성장, 신용, 금융 자본주의에 창시자이자 장거리 확산	연대는 제한된 공간내에서만 작용하므로 어려움
신뢰 구축	감작스러운 붕괴가 가능한 긴 과정	문제적(사기, 기회주의, 정보 비대칭, 시장권력)	주요 장점이지만 지역 수준에서만 가능하며 글로벌 수준으로 확장 불가
수용성과 정당성	민주주의에서는 시민들의 요구에 대응할 수 있는 능력, 그 외의 경우에는 변영에 대한 약속	호모 에코노미쿠스의 이성을 주입하고 모든 차별적 거래도 공정하다고 전제	조직적 수준에서 강력함(참여협동조합기업, 공제조합, 비영리단체)
시스템 위기 대응 능력	금융 및 보건 위기에서는 상당함. 금융 변화에는 모호	금융 위기에는 미약, 플랫폼 자본주의로 인해 팬데믹에는 놀라운 대응, 기후변화에는 불확실	금융위기, 팬데믹 대응의 동반자 역할에는 매우 유익이, 그러나 기후 변화 대응에는 제한적

부록 <표 10> 사회연대경제와 다양한 현대이론과의 근접성

이론	사회연대경제에 대한 공헌	어려움
시민사회이론	사회연대경제를 시민사회의 구성 요소로 간주	부정, 즉 시장도 아니고 국가도 아닌 것으로 시민사회를 정의
공유재이론	천연자원 관리를 위한 집단적 조직 구성 과정	공공재의 비배제성, 희소성이 아닌 풍요를 바탕으로 하는 경제라면 어떻게 될 것인가?
노동사회학	본질적으로 생산 및 고용 관계의 한 가지 유형	사회연대경제의 고용: 독창적인 지위인가, 아니면 단순히 전형적인 고용 계약의 변형인가?
회사법	사회연대경제의 인정을 위한 필수적인 단계	예를 들어 과세 문제에서 표준화 경향
공유경제	임금 관계와 명확히 구분	사회연대경제는 제한된 규모의 문제에 전반적인 작동 방식을 변화시키지는 못함
네트워크이론	단체 구성원 간 상호 호혜 관계의 밀도	작동에 대한 분석이라기 보다는 유용한 묘사
기업에서의 이중 구조 확장	협동조합: 자본제공자의 이해보다 노동자의 이해가 지배하는 극단적 형태	사회경제체제로서의 자주관리 이론으로 복귀 필요

부록 <표 11> 법적 범주별 사회연대경제 전년 동기 대비 고용 변화 추이 (2019-2020)

범주	성장률		순증가	
	2020년 1분기	2020년 2분기	2020년 1분기	2020년 2분기
비영리단체	-1.1%	-3.2%	-18,236	-54,695
협동조합	+0.7%	+0.2%	+1,043	-312
공제조합	-0.2%	-1.2%	-251	-1,423
재단	+4.6%	+3.8%	+4,729	+3,904
사회연대경제 전체	-0.6%	-2.5%	-12,715	-52,526
사회연대경제를 제외한 민간부문	-0.6%	-2.7%	-98,295	-452,930

주: 민간 부문 고용노동자 총계 기준(농업 부문 제외)
출처: Observatoire national de l'ESS, Acoss-Urssaf, 2010-2019.

부록 <표 12> 산업별 사회연대경제 전년 동기 대비 고용 변화 추이

(단위: 명)

산업(NAF Insee 코드)	성장률 2019-2020 1분기	성장률 2019-2020 2분기	순증가 2019-2020 1분기	순증가 2019-2020 2분기
농업, 임업 및 어업 (AZ)	+6.3%	+4.70%	49	351
제조업, 발전업, 수도업, 하수 및 폐기물 처리(CZ, DZ, EZ)	+1.20%	-0.30%	183	-40
건설업 (FZ)	+2.20%	+1.30%	285	171
도매 및 소매업, 자동차 및 오토바이 수리업 (GZ)	+2.00%	+0.90%	581	272
운수 및 창고업 (HZ)	+1.20%	-4.30%	54	-206
숙박 및 음식점업 (IZ)	-6.40%	-15.00%	-1,684	-4,211
정보통신업 (JZ)	-1.30%	-6.50%	-118	-598
금융 및 보험업 (KZ)	-0.50%	-1.30%	-759	-2,081
부동산업 (LZ)	+14.60%	+14.00%	367	357
전문, 과학 및 기술서비스업 (MZ)	+2.30%	+0.90%	988	371
행정 및 지원 서비스 (NZ)	-2.80%	-6.00%	-1,959	-4,331
교육서비스업 (PZ)	-1.60%	-4.10%	-4,158	-8,797
보건의료업(OA)	+1.70%	+1.70%	3,182	3,139
의료 및 사회복지서비스업 (OB1)	+1.30%	+1.00%	5,173	4,122
숙박을 제외한 사회 활동 (OB2)	-0.50%	-1.70%	-3,037	-9,596
예술, 공연 및 여가 관련 서비스업 (RZ1)	-11.70%	-19.00%	-5,293	-8,768
스포츠 및 오락 관련 서비스업 (RZ2)	-3.00%	-11.80%	-3,181	-12,354
자발적 참여로 운영되는 기타 조직 (9499Z)	-1.50%	-5.00%	-2,812	-9,409
9499Z를 제외한 기타 서비스업	-4.30%	-4.00%	-625	-679
합계	-0.6%	-2.5%	-12,734	-52,551

주: 민간 부문 고용노동자 총계 기준(농업 부문 제외)

출처: Observatoire national de l'ESS, Acoss-Urssaf, 2010-2019.

부록 <표 13> 플랫폼 자본주의 시대에 사회연대경제가 패권을 주장할 수 없는 이유

원칙	장점	한계
1인 1표	경제 내 민주주의	조직 규모의 제한
이윤 추구의 제한	부가가치 분배를 위한 공간	재정 능력의 제한
적립금 분할금지 원칙	재무관리의 신중함	신용 접근의 제한
협동조합원 중심 경영	상대적인 고용 안정	인력 확대에 장애
기본적 필요 충족	사회적 배제를 줄이는 데 기여	사회적 혁신보다 더 어려운 기술혁신

부록 <표 14> 사회연대경제의 장점과 한계

강점	약점
사회적 유대 보존	전형적인 자본주의 기업과 경쟁
부문/지역적 상황에 대한 적응력	시장 논리 또는 국가 논리에 종속
특정 외부효과의 내부화	수확 체증 동력의 부재
법적 형태의 다양성 (협동조합, 비영리단체, 공제조합, 재단)	이 다양한 형태들 간의 시너지가 거의 부재
경제에서 민주적 원칙 구현	정치와 경제의 혼합 형태가 반드시 안정적인 것은 아님
사회적·조직적 혁신의 우위	기술 혁신에 대한 재정적 한계
교육, 훈련, 건강, 생태 분야에서 인간 발전의 매개체	경제와 사회에서 차지하는 비중이 제한되어 있음

사회연대경제
21세기를 위한 현실적 유토피아?

초판 인쇄 | 2025년 5월 23일
초판 발행 | 2025년 5월 30일

지은이 | 로베르 부아예(Robert Boyer)
옮긴이 | 박충렬·안정현
감　수 | 송원근·김형미

발행인 | 한정희
편　집 | 한주연 김지선 김한별 양은경
마케팅 | 유인순 하재일

발 행 처 | 경인문화사　　　　　　출판번호 | 406-1973-000003호
주　　소 | (10881) 경기도 파주시 회동길 445-1 경인빌딩 B동 4층
전　　화 | 031-955-9300　　팩　　스 | 031-955-9310
홈페이지 | http://www.kyunginp.co.kr　이 메 일 | kyungin@kyunginp.co.kr

ISBN 978-89-499-6870-4(93300)
값 10,000원

L'Économie sociale et solidaire : une utopie réaliste pour le XXIe siècle ?
ⓒ Les Petits Matins, 2023, All rights reserved.
Korean Translation Copyright ⓒ2025 by Kyungin Publishing co.
This Korean edition is published by arrangement with Les Petits Matins through Imprima Korea Agency
이 책의 한국어판 저작권은 Imprima Korea Agency를 통해 Les Petits Matins와의 독점계약으로 경인문화사에 있습니다.
저작권법에 의해 한국 내에서 보호를 받는 저작물이므로 무단전재와 무단복제를 금합니다.